성서의 상징 50

© ミシェル・クリスチャン
聖書の シンボル 50
オリエンス宗教研究所, 東京 2001

Translated by ©Chang Yik
Benedict Press, Waegwan, Korea 2002

성서의 상징 50
2002년 5월 초판 | 2009년 3월 4쇄
옮긴이 · ⓒ 장 익 | 펴낸이 · 이형우
분도출판사
등록 · 1962년 5월 7일 라15호
718-806 경북 칠곡군 왜관읍 왜관리 134의 1
왜관 본사 · 전화 054-970-2400 · 팩스 054-971-0179
서울 지사 · 전화 02-2266-3605 · 팩스 02-2271-3605
www.bundobook.co.kr
ISBN 89-419-0219-3 03230
값 6,000원

미셸 크리스티안스

성서의 상징 50

장익 옮김

분도출판사

머 리 말

동경에 있는 천주교 마쓰바라松原 성당의 계간지 『종』鐘에 연재하기 위하여 성서에 관한 글의 청탁을 받고는, 성서의 주된 상징을 차례로 다루기로 하였습니다. 그후 독자들로부터 이 시리즈를 한 권의 책으로 묶어 달라는 부탁도 있어, 이처럼 오리엔스 종교연구소에서 펴내기에 이르렀습니다.

그런데, 상징을 주제로 택한 데에는 두 가지 까닭이 있습니다.

우선, 바오로 서간을 제외하고는, 성서를 보면 추상적인 표현보다는 예컨대 비유라든가 상징으로 많은 것을 이야기하고 있습니다. 예수님 자신도 이처럼 상징을 써가며 하늘나라와 그 깊은 뜻을 풀이해 주셨습니다.

하느님이 초월한 존재이신 것처럼 종교 또한 그 내용은 눈에 보이는 것이 아니기에 자연히 신비적일 수밖에 없습니다. 그러나 동시에 하느님은 자연 안에도 내재하시기 때문에 바로 자연 그 자체가 하나의 상징으로서 우리들의 초자연적인 차원을 밝혀주고 있습니다. 이렇듯 성서는 자연이나 인간의 문화를 상징삼으면서 하느님과 이 세상의 신비에 관하여 우리에게 말을 걸어옵니다.

상징을 주제로 택한 또 하나의 이유는 현대인이 상징을 다소 낯설어하기 때문입니다. 성서 안에서 쓰이고 있는 상징들은 우리와는 다른 문화에서 생긴 것들인만큼 동양인인 우리들로서는 알아듣기 어려운 것도 더러 있는 터입니다. 그러나 그중에는 우리의 문화와 공통하는 의미를 지닌 상징도 적지 않게 눈에 띕니다. 이런 경우, 이 책 안에서도 언급하고 있습니다만, 그것은 어디까지나 제 나름대로 알고 있는 범위에 국한되는 이야기입니다. 혹시 독자 여러분 중 이밖에도 다른 예를 알고 계시면 부디 가르쳐 주시기 바랍니다.

이 책자에서는 상징 50가지만을 골라 다루기로 했습니다. 동양인에게도 친숙하다고 여겨지는 것들은 다루지 않았습니다. 예컨대, 물水은 성서 안에서 매우 소중한 상징입니다만, 그 뜻이 비교적 알기 쉬우므로 구태여 다루지 않았습니다.

이 책자를 써나가는 데 있어 많은 문헌을 참조하였지만, 특히 독일에서 출판된 만프레트 루르커Manfred Lurker가 지은『성서의 형상과 상징 사전』*Wörterbuch biblischer Bilder und Symbole*을 주로 참고하였습니다.

이 책자를 읽음으로써 조금이나마 하느님의 말씀에 대한 이해가 깊어지고 성서에 더욱 가까이 다가가실 수 있다면 더없이 기쁠 따름입니다.

끝으로, 제 이야기를 듣고 상징 하나하나에 관한 이 나라의 관습 등 온갖 자료를 제공해 주신 마쓰바라 성당의 노구찌野口郁子 여사, 그리고 각각의 상징에 적절한 삽화를 그려주신 같은 성당의 스즈키鈴木義一 선생께 마음으로부터 감사합니다.

차 례

머리말 5

일러두기 10

1 기름 11
2 알파와 오메가 14
3 희생 17
4 인(도장) 21
5 황소의 뿔 24
6 띠 27
7 수탉 30
8 열쇠 32
9 하나, 둘, 셋 35
10 넷 39
11 다섯 42
12 여섯 45
13 일곱 47
14 여덟 50
15 열 52
16 열둘 54
17 열셋 57
18 서른 59
19 마흔 60
20 천 62
21 할례 65
22 하느님의 어린양 68
23 구름 72
24 사막 75
25 잔 81
26 소금 84
27 모퉁이의 머릿돌 88
28 성령 92
29 동산(정원) 95
30 타우 100

31 피 103
32 지팡이, 홀 106
33 천사 110
34 동방박사들의 예물 115
35 이름 121
36 무지개 125
37 알몸 129
38 비둘기 134
39 빵 138
40 빛 141

41 돼지 145
42 뱀 148
43 장막 152
44 도성 155
45 바른편과 왼편 158
46 문 162
47 염소 167
48 레바논의 삼목 170
49 당나귀 172
50 독수리 174

제목(50 항목) 외에도 본문에 나오는 주요 상징들 177
옮기고 나서 178

일러두기

이 책에 나오는 성서 대목 번역문은 주로 『공동번역성서』와 주교회의 성서위원회가 간행한 낱권 구·신약성서에서 인용하였으나, 저자가 시역한 몇몇 부분은 되도록 그대로 존중하였습니다.

1 기름

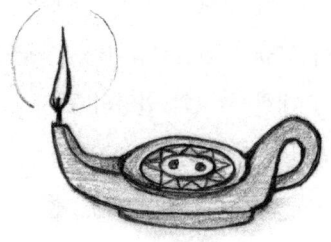

얼마 전, 에집트와 이스라엘에 다녀왔습니다. 그리스, 터키, 이탈리아, 스페인에도 가본 적이 있지만, 지중해 둘레의 이들 나라는 올리브나무가 많은 지역입니다.

올리브나무의 열매에서는 올리브 기름을 짜기 때문에 이 지역에서는 자연히 올리브 기름을 여러 용도로 쓰고 있습니다.

게다가, 공기가 매우 메마른 곳이어서 기름이 더욱더 필요합니다. 이번 여행중에도 공기가 너무나 건조해서 입술이 틀 정도였는데, 그쪽 나라 사람들은 목욕을 하고 나면 몸에 올리브 기름을 바르곤 합니다. 기름은 약으로 쓰이기도 합니다. 물론, 요리에도 쓰이고 예전에는 등잔에도 올리브 기름을 썼습니다.

그쪽 나라 사람들은 올리브 기름이야말로 하느님이 베푸신 크나큰 혜택으로 여겼겠지요. 올리브 기름은 '생명의 풍요와 충만'의 상징이었습니다. 나아가 올리브 기름에 향료를 넣어서 향유를 만들었습니다. 향수처럼 쓰여, 신약성서에는 손님에 대한 최고의 환영의 표시로 그 머리에 향유를 바르는 장면이 보입니다(마르 14,3-9).

올리브 기름과 향유는 종교 의식에도 쓰이기에 이릅니다. 사제, 왕, 예언자 등의 임명식에는 향유(聖香油 = chrisma)를 온몸에 발랐습니다. 이제부터 수행해야 할 소중한 사명의 준비로서 그들의 몸과 마음에 힘을 싣는 의식이었습니다. 성향유가 온몸에 스며들도록, 하느님의 힘과 하느님의 영이 그들 위에 가득 내리도록 기원하는 훌륭한 의식이었습니다.

그리고 이처럼 기름부음 받은 분을 히브리 말로는 '메시아'(도유된 자)라 일컬었고, 그리스 말로는 '흐리스토스'(그리스도)라고 옮겼습니다. 예언자는 "언젠가 이스라엘 사람과 온 세상 사람을 구원하기 위하여 예언자이자 사제이신 임금께서 이 세상에 오시리라"고 알리는 사람이었습니다.

신약성서는 나자렛 사람 예수가 바로 그 그리스도(기름부음 받은 이)라고 증언하고 있습니다. 그렇기 때문에 그리스도를 믿는 사람 역시 그리스도인이라고 불리는 것입니다. 실제로 세례와 견진 때에 우리들은 성향유로 도유됩니다. 또, 병들었을 때는 병자도유의 성사를 받습니다. 사제와 주교의 서품식에도 마찬가지로 성유를 씁니다.

이처럼 오늘날도 우리는 기름이라는 하느님의 훌륭한 선물을 받아 그 그윽한 향기를 통하여 하느님의 힘과 성령을 받습니다. 아쉽게도, 대부분 성당에서는 올리브 기름을 쓰는 성체등이 사라졌습니다. 예전에는 그 작은 등잔의 기름이 신앙의 빛과 열을 나타냈었습니다.

2 알파와 오메가

우리가 종종 듣게 되는 알파와 오메가라는 말은 그리스어 알파벳의 첫 자(A)와 끝 자(Ω)입니다.

처음과 마지막이라는 것은 '시간과 공간'을 나타내 줍니다. 시간과 공간이 있기 때문에 사물에는 한계가 지어집니다. 시간과 공간이 없어지면 그 한계가 없어져 모든 것이 완성됩니다.

이사야서 41장 4절에는 "이런 일을 한 것이 누구냐? 한 처음부터 시대마다 사람을 불러일으킨 것이 누구냐? 마지막 세대에까지 이 일을 끌어 나갈 것도 바로 나다"라고 했습니다.

또 이사야서 44장 6절에도 "이스라엘의 임금이신 구세주, 만군의 야훼께서 말씀하신다. '내가 시작이요, 내가 마감이다. 나밖에 다른 신이 없다'"고 되어 있습니다.

요한 묵시록 1장 8절에도 또다시 "지금 계시고 전에도 계셨고 장차 오실 전능하신 주 하느님께서 '나는 알파요 오메가다' 하고 말씀하셨습니다"라고 씌어 있습니다.

하느님만이 처음과 마지막을 지배하십니다. 하느님 자신은 영원으로부터 존재하고 계시지만, 창조주로서는 우주의 시작과 종말을 결정하고 계십니다.

유대교, 그리스도교, 이슬람교 이외의 종교나 철학에서는 우주 그 자체를 영원으로 보고, 제신諸神은 그 우주 안에 있는 힘들로 여기고 있습니다. 그러므로 제신은 우주 안에서 저마다 특별한 역할을 하고 있는 셈입니다.

중세의 가톨릭 교회와 동방교회 성당의 제단 위에는 온 우주의 지배자로서 그리스도의 모습을 곧잘 그리곤 하였습니다. '만유의 지배자' Pantokrator 그리스도의 모습이 그것입니다. 이 그리스도의 후광 안에 알파와 오메가 두 자가 새겨져 있는 것은 그리스도 자신이 모든 것의 시초이며 완성이라는 의미입니다. 마찬가지로 부활초에 나타나는 십자가에도 알파와 오메가 두 자가 새겨집니다.

가톨릭 사제이면서 세계적인 고생물학자였던 떼이야르 드 샤르댕Teilhard de Chardin의 철학에 따르면, 우주의 창조는 단번에 이루어진 것이 아니라 그리스도와 함께 오메가 점이라는 목적을 향하여 조금씩 완성되어 가는 것이라고 보고 있습니다.

3 희생

어떤 문화권에 속하든지 종교에는 신 또는 제신諸神, 신령 등에게 '공물'供物을 올리는 관습이 있습니다. 이것은 공물을 일종의 물물교환으로 여겨, 신 등에게 무언가를 바치는 대신 특별한 혜택 또는 용서 또는 가호를 비는 행위입니다.

신이나 제신이 인간을 위협하는 무서운 힘을 갖추고 있는 경우에는 이들을 가라앉히는 목적도 거기 있습니다. 우리네의 지진제地鎭祭가 좋은 예로서, 제물을 올려 지신地神을 잘 모시려는 고사가 있습니다. 원혼이라는 말이 있는데 이는 원한을 품고 그 풀이를 하는 혼을 두고 하는 말로서, 이런 경우에도 그 원혼을 달랠 필요가 있습니다.

공물은 저마다의 문화에 따라 그 형태가 가지가지입니다. 농경민족은 주로 과일이나 곡식이나 야채를 바쳤고, 유목민족이나 가축을 기르는 민족은 주로 짐승을 바쳤습니다. 하여간 그 민족으로서는 가장 귀중한 것을 바쳐왔습니다. 이스라엘 사람은 흔히 생각하듯이 유목민족이 아니라 가축을 치는 농민이었습니다.

짐승을 봉헌한다는 것은 살아 있는 것을 산 채로 신에게 바치는 일이라서 글자 그대로 '희생'犧牲입니다. 불교에는 윤회라는 사상이 있기 때문에 동물의 희생 대신 살아 있는 인간을 바친 이야기도 전합니다. 에밀레와 심청이의 경우가 여기 해당하는 듯합니다. 옛날 옛적 일본에서는 다리를 놓거나 제방이나 성을 쌓는 난공사가 무사히 이루어지도록 비는 뜻에서 신의 마음을 누그러뜨리기 위해 흙이나 물 속에 산 사람을 묻은 이른바 '히또하시라'人柱의 흔적이 출토되기도 합니다. 고대 중국에도 이런 흔적이 보인다고 합니다.

희생에 관한 매우 상세한 기록을 남긴 나라는 이스라엘 이외에 아마 없을 것입니다(레위 1-7장). 특히 맏아들(맏배, 맏물)은 소중한 제물이었지만 마침내 맏아들을 희생하는 것은 금지되고 그 대신 짐승을 봉헌하게 되었습니다. 루가 복음

2장 22-24절에 보면 예수님의 양친이 아드님을 주 하느님께 드리기 위해 비둘기를 희생으로 바쳤다는 기록이 있습니다.

이스라엘에 있어 희생의 또 하나의 요소는 피흘림이었습니다. 피는 곧 생명이라고 여겼기 때문에(31장 '피' 참조) 하느님께 올리는 특별한 봉헌물이 되었습니다.

속죄의 희생을 바칠 때에는 사제가 쫓아버릴 짐승의 머리 위에 손을 얹습니다. 그러면 인간의 죄가 그 짐승에 씌워져 그 짐승이 죽음으로써 인간의 죄가 용서받는다고 믿었던 것입니다(레위 4,24-26).

예언자 시대부터는 희생제사가 형식화될 위험이 지적되면서(아모 25,21-23), 산 희생제물보다 더 귀한 것은 사람의 올바른 마음과 착한 행실이라고 강조합니다.

히브리서 10장 1-10절에 "하느님, 저(예수)는 당신의 뜻을 이루려고 왔습니다. … 나중 것을 세우기 위해서 먼저 것을 폐기하셨습니다. 예수 그리스도께서 … 단 한 번 몸을 바치심으로써"라 한 대로 예수님의 십자가 희생이 최고 최후의 희생이 되었습니다.

예수님께서는 또한 빵과 포도주에 의한 신비적인 희생이 되시어 오늘날 교회가 드리는 예배의 중심이 되셨습니다.

"그러므로 형제 여러분, 하느님의 자비가 이토록 크시니 나는 여러분에게 권고합니다. 여러분 자신을 하느님께서 기쁘게 받아주실 거룩한 산 제물로 바치십시오. 그것이 여러분이 드릴 진정한 예배입니다"(로마 12,1).

4 인(도장)

인印, 좀 어려운 표현으로는 인호印號에 관하여 말씀드리겠습니다. 서양에서는 오늘에 이르러 만사를 소위 사인으로 통용합니다만, 본래는 어느 나라에서든 인감印鑑이 중요한 역할을 해왔습니다. 우리들이 서류에 날인하듯이 인감은 공식으로 문서를 정당화하는 데 쓰였습니다. 특히 매매의 경우 인감의 유무가 문제되었습니다.

아주 옛날에는 용지 대신 얇은 점토판을 썼습니다. 거기에 내용을 적고 인감을 찍어 구워서 굳혔습니다. 그렇게 굳히고 나면 언제까지나 증거를 남길 수 있었습니다. 바빌로니아 지역에서는 오늘까지도 그러한 점토판이 많이 출토되고 있습니다.

인감은 흔히 손가락에 낀 반지라든가 목걸이에 달린 펜던트의 모양을 뜬 것이었습니다. 루가 복음에 나오는 탕자의 비유 중에 "이제 저는 아버지의 아들이라고 할 자격이 없습니다"(15,21) 하며 돌아온 자식의 손가락에 아버지는 반지를 끼워 줍니다. 그것은 아들에게 모든 권리를 되돌려주는 의미를 띱니다. 이때부터 아들은 아버지 대신 문서에 도장을 찍을 수도 있고 장사도 할 수 있게 된 것입니다. 아직도 교황님의 인새印璽는 반지의 형태로 되어 있습니다.

인감은 사인과는 달리 본래 주인의 허락 없이도 날인될 위험이 있습니다. 열왕기 상권 22장 8절에 보면, "이세벨(왕비)이 (사마리아의) 왕 아합의 이름으로 밀서를 써서 옥새로 봉인하고" 악한 일을 꾸몄다고 기록되어 있습니다.

인감에 의해 소유자를 나타낼 수도 있습니다. 아가의 여인은 "가슴에 달고 있는 인장처럼 팔에 매고 다니는 인장처럼 이 몸 달고 다녀 다오"(8,6) 하며 노래합니다.

고린토서는 "그리스도를 통해서 여러분과 우리를 굳세게 해주시고 우리에게 기름을 부어 사명을 맡겨 주신 분은 하느님이십니다. 하느님께서는 우리를 당신의 사람으로 확인해 주셨고 그것을 보증하는 인호로 우리의 마음에 성령을 보내주셨습니다"(2고린 1,21-22)라고 말합니다. 하느님 당신이 우리들의 마음에 인장을 찍어 우리를 당신 것으로 삼으셨다는 말씀입니다.

요한의 묵시록에는 하느님의 도장을 지닌 천사가 "우리가 우리 하느님의 종들의 이마에 이 도장을 찍을 때까지는 땅이나 바다나 나무들을 해치지 말아라"고 외치는 광경이 묘사되어 있습니다(7,3). 세례와 견진 때에 사제 또는 주교가 영세자나 견진자의 이마에 성향유를 바르는 것도 하느님의 인장을 찍어 그 교우가 하느님의 것임을 드러내 줍니다.

5 황소의 뿔

어떤 민족에게나 해마다 풍작은 매우 중요합니다. 아이들을 몇이나 낳고 곡물을 얼마나 거두어들일 수 있을까 하는 그 여부가 옛사람들로서는 사활이 걸린 문제였습니다. 고대 종교의 주된 목적은 희생, 공물, 기도 등을 제신에게 바침으로써 되도록 풍성한 수확과 다산을 얻는 일이었습니다. 그러한 종교행사를 풍요의식이라고도 합니다.

 이스라엘과 같은 나라에 살던 가나안 사람들의 경우, 신전에 속한 창녀와의 성교性交도 그러한 풍요의식의 중요한 일부였습니다.

 중동 아시아에서는 축산농업이 경제의 토대를 이루었습니다. 가축 중에서도 가장 소중한 동물은 소였던만큼 황소가 자연히 풍요의 상징이 되기도 하고 메소포타미아, 에집트, 가나안 등지에서는 황소의 우상을 숭배했습니다. 통일왕국이 남북으로 양분되자 남왕국 유다로부터 갈려 나간 북왕국 이스라엘 주민은 예루살렘 성전에는 가지 않고 그 대신 사마리아에 새로운 신전을 따로 세웠습니다. 그 사마리아 신전에 모신 신 또한 금으로 만든 황소였습니다.

이 황소로 말하면 실은 이스라엘의 하느님 야훼를 구상화한 것이었으므로 본래 진정한 의미의 우상숭배는 아닌 터였습니다. 그러나 십계 중 둘째 계명은 모든 상像의 예배를 금하고 있었던만큼 예언자들은 사마리아 신전을 우상숭배의 거점으로 보아 맹렬히 비난했습니다.

황소의 숭배를 비난하는 한편 성서 안에는 그럼에도 황소의 뿔이 '하느님의 힘의 상징'으로 곧잘 쓰이고 있습니다. 예컨대, 사무엘 하권에 "나의 하느님, 내가 숨을 바위, 나의 방패, 승리를 안겨주는 뿔, 나의 산성, 나의 피난처"(22.3)라 하고 있습니다. 또 루가 복음에는 세례자 요한의 아버지 즈가리야의 예언에 "찬미하여라, 이스라엘의 주 하느님을! 당신의 백성을 찾아와 해방시키셨으며, 우리를 구원하실 힘이 있는 구세주를 당신의 종 다윗의 가문에서 일으키셨다. 예로부터 거룩한 예언자들의 입을 빌려 주님께서 말씀하신 대로"(1.68-70)라 하였고, 시편에 보면 "하느님께서는 악인의 뿔을 꺾으시고 의인의 뿔은 높이 들어올리신다"(75.10)고 노래하고 있습니다.

황소의 뿔에 기름을 담아 그 기름을 사제에게 붓는 의식이 있었습니다. 이것은 사제에게 하느님의 힘을 태워준다는 의미입니다. 예루살렘 성전 제단의 네 모서리에도 뿔이 달려 있었습니다. 황소 자신에게도 뿔은 역시 소중한 무기입니다. 그 뿔로 소떼를 적으로부터 지키지 않으면 안됩니다. 황소의 뿔은 하느님의 힘, 우리들을 지켜주는 상징이 되었습니다.

* * *

성서란 철학이나 신학의 서적이 아니므로 하느님의 세계를 우리들에게 계시해 주기 위하여 사상보다는 상징을 더 잘 씁니다. 다만, 그 상징이 서로 다른 문화에 따라 때로는 알아듣기 어려운 경우도 있습니다. 특히 우리나라에서는 가축 농업이 경제의 바탕을 이루고 있지 않기 때문에 더더욱 이해하기 어려울 수도 있겠습니다. 이 책자가 여러분이 성서를 읽는 데에 그런대로 도움이 된다면 다행이겠습니다.

6 띠

띠는 복장 중에서도 매우 작은 물건이지만 그래도 역시 소중한 것입니다. 옛날에는 바지라는 것이 없었기 때문에 남자고 여자고 통으로 된 옷을 입었습니다. 그리고 기장을 조절하거나 행동을 편하게 하기 위해서 허리에 띠를 맸습니다. 띠는 이렇게 상반신과 하반신을 가르는 역할과 함께 모양으로도 몸을 꾸며 '왕이나 권력자의 품위 내지 힘의 상징'으로 간주되었습니다.

이스라엘 사람들에게도 띠는 권위와 직분의 표시였습니다. 탈출기에는 사제로서 성별_{聖別}되는 자는 긴 옷을 입고 장식띠를 매고 터번을 만다고 (탈출 29,8-9) 되어 있습니다.

이사야에 이르면 야훼 하느님께서는 "정의로 허리를 동이고 진실로 띠를 띠리라"(11,5)고 하면서 띠는 단지 권위를 나타내는 장식이기를 그칩니다. 욥기에는 하느님의 힘찬 역사役事가 왕들의 권위의 띠를 풀고 그 허리를 포승으로 묶으신다는 말도 나옵니다(12,18). 그런가 하면 시편은 "당신은 나의 통곡하는 슬픔을 춤으로 바꿔주시고 베옷을 벗기시고 기쁨을 띠로 동이게 하셨습니다. 내 영혼이 끊임없이 주를 찬미하라 하심이니 야훼, 나의 하느님, 이 고마우심을 노래에 담아 영원히 부르리이다"(30,11-12) 하고 읊고 있습니다.

또 탈출기에 보면 과월의 밤에 "허리에 띠를 띠고 발에는 신을 신고 손에는 지팡이를 잡고 서둘러 먹어야 한다"(12,11)고 명하고 있습니다.

루가 복음에는 "허리에 띠를 띠고 등불을 켜놓고 주인이 돌아왔을 때 깨어 있다가 주인을 맞이하는 종들은 행복하다"(15,35)고 하신 예수님의 말씀이 늘 준비하고 있는 마음을 강조하고 있습니다.

바오로가 에페소인들에게 보낸 편지에 "굳건히 서서 진리로 허리를 동이고 정의로 가슴에 무장을 하고 발에는 평화의 복음을 알리는 준비를 신으로 신고 있어야 합니다"(6,14-15)라는 말도 마찬가지 마음가짐을 촉구하고 있습니다.

"네가 젊었을 때에는 제 손으로 띠를 띠고 마음대로 돌아다닐 수 있었다. 그러나 이제 나이를 먹으면 그때는 팔을 벌리고 남이 와서 허리띠를 묶어 네가 원하지 않는 곳으로 끌고 갈 것이다"(요한 21.18). 예수님의 이 말씀은 베드로의 순교의 모습을 미리 나타내는 말씀이었습니다.

요한 묵시록은 "등경 한가운데에 사람같이 생긴 분이 서 계셨습니다. 그분은 발끝까지 내려오는 긴 옷을 입고 가슴에는 금띠를 띠고 계셨습니다"(1.13) 하며 메시아의 권위와 권력을 금띠로써 나타내고 있습니다.

조선의 왕조시대에는 벼슬의 품계와 위의를 나타내는 관복 정장에 쓰던 사모관대(紗帽冠帶)에도 반드시 띠를 띠게 되어 있었습니다.

가톨릭 교회는 예로부터 띠를 매우 소중히 여겨 왔습니다. 수도자도 사제도 언제나 띠를 매고 있었으나, 요즘 와서는 별로 쓰이지 않게 되어버렸습니다.

일본 여성의 기모노 차림에는 띠가 빠질 수 없습니다. 그 띠는 옷의 맵시를 돋보이게 하는 장식의 일종이라 하겠습니다.

우리 시대에 가장 멋진 띠로 말하면 역시 권투선수의 챔피언 벨트가 아니겠습니까.

7 수탉

수탉은 모든 동물 중에서도 가장 일찍 새벽을 알리기에 온 세상 문학에 상당한 영향을 끼쳐 왔습니다.

성서 안에서도 수탉은 그 상징의 하나가 되어 풍요를 말하는 징표 노릇을 합니다. 한편 싸우러 나서는 자존심을 드러내는 상징이기도 합니다. 그리스 신화의 팔라스 아테네 전쟁의 여신 곁에는 수탉이 서 있습니다.

조금 더 신비적으로 생각해 본다면 수탉의 소리는 어둠(죄와 죽음)을 몰아내고 빛(선과 생명)을 일으킨다고 여겨, 악에서 깨어나는 마음과 죽음에 대한 승리의 상징이 되기도 했습니다.

욥기에는 "누가 따오기에게 지혜를 주었으며, 누가 닭에게 슬기를 주었느냐"(38,36)는 물음도 나옵니다.

또한, "비록 모든 사람이 주님을 버릴지라도 저는 결코 주님을 버리지 않겠습니다"(마태 26,33) 하며 맹세하던 베드로는 수탉이 울기 전, 즉 어두운 밤중에, 예수라는 사람은 아는 바 없다고 잡아떼며 세 차례나 배신을 합니다(26,69-75 참조). 그러자 곧 닭이 울었고 베드로는 자신의 연약함을 깨달아 가슴을 치며 통곡하기 시작했습니다.

예수님은 같은 의미로 "집 주인이 돌아올 시간이 저녁일지, 한밤중일지, 닭이 울 때일지, 혹은 이른 아침일지 알 수 없다. 그러니 깨어 있어라"(마르 13,35) 하고 주의시키십니다.

초대교회 신자들의 묘석에는 수탉 그림이 새겨져 있는 것이 가끔 보입니다. 이것은 죽음에 대한 부활의 상징입니다. 베드로 사도의 그림에도, 당연한 일이겠지만, 수탉이 곧잘 등장합니다.

유럽 교회의 종탑 꼭대기에 서 있는 수탉은 풍향을 가리키는 동시에 '언제나 깨어 있도록', 그리고 '그리스도의 빛을 알리는 자로서의 역할을 다하도록' 우리를 재촉하고 있습니다. 이처럼 풍향계가 된 수탉은 일명 '성 베드로 수탉'이라고도 불립니다.

8 열쇠

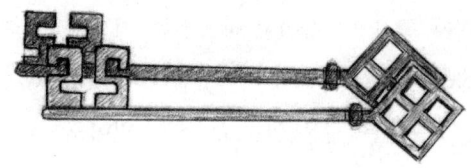

성서의 세계에서는 적어도 4천 년 전쯤부터 열쇠가 사용되었습니다. 동아시아에서도 먼 옛날부터 열쇠를 써 왔습니다. 지중해 지역의 대부분 도시는 그 도시를 에우는 성벽의 문을 열쇠로 여닫았습니다. 그런 열쇠는 나무나 쇠로 만들어 어깨에 메고 다닐 정도로 무거웠다고 합니다.

천당과 지옥에도 문이 있어서 그 문 역시 열쇠로 잠근다고 생각했던 모양입니다.

요즘도 도시나 집을 새 임자에게 넘겨줄 때 반드시 그 새 주인에게 열쇠를 건네주는 의식 절차가 있습니다. 대통령이나 임금이 어느 도시를 공식으로 방문할 때에도 으레 그 도시의 열쇠를 내어주는 의식을 행합니다.

도시의 열쇠를 손에 쥔다는 것은 그 문을 열 수도 닫을 수도 있다는, 다시 말해 그 도시에 대한 권한을 넘겨받았다는 의미가 됩니다. 이사야서에 "내(하느님)가 또한 다윗의 집 열쇠를 그(메시아)의 어깨에 메어 주리니 그가 열면 닫을 사람이 없고 닫으면 열 사람이 없으리라"(22.22) 하신 말씀은 열쇠라는 상징의 의미를 잘 드러내 보입니다.

열쇠의 의미는 그 이후 구체적인 도시나 집뿐 아니라, 정신적으로도 영적으로도 쓰이게 됩니다. 예를 들면, '문제를 푸는 열쇠는 여기 있다' 라든가 '암호를 해독하는 열쇠를 찾아냈다' 라는 경우가 그런 것입니다. 음악에서도 오선 악보의 좌단에 음자리표가 있어서 고음의 C음 기호의 악보임을 표시하거나 아니면 저음의 F음 기호를 가리키는 열쇠 구실을 합니다.

신약성서에서는 "나는 너에게 하늘나라의 열쇠를 주겠다. 네가 무엇이든지 땅에서 매면 하늘에도 매여 있을 것이며, 땅에서 풀면 하늘에도 풀려 있을 것이다"(마태 16.19) 하신 말씀이 있습니다. 예수님께서 베드로에게 하신 이 말씀은 오늘의 베드로 후계자인 교황님이 교회 전체에 대해 지니는 권한을 뒷받침합니다.

열쇠는 나쁜 데에도 쓰입니다. "너희 율법 교사들은 화를 입을 것이다. 너희는 지식의 열쇠를 치워버렸고 자기도 들어가지 않으면서 들어가려는 사람마저 들어가지 못하게 하였다"(루가 11,52)고 나옵니다. 묵시록에는 "다섯째 천사가 나팔을 불었습니다. 그때 나는 하늘로부터 땅에 떨어진 별 하나를 보았습니다. 그 별은 끝없이 깊은 지옥 구덩이를 여는 열쇠를 받았습니다"(9,1)라는 말도 있습니다.

그리스도교 성화에는 예수님이 십자가라는 열쇠로 천국문을 열고 계시는 모습이 가끔 보입니다. 제2차 바티칸 공의회 이전에는 각지에 지방 특유의 전례가 전하고 있었습니다. 저자가 태어난 벨기에의 겐트 교구에서는 성지주일이면 저마다 종려가지를 손에 든 신자들의 선두에 신부님이 서서 성가를 부르며 성당을 한 바퀴 돌고 나서 들고 있던 십자가로 성당문을 세 번 두드리면 문이 안으로부터 열리는 의식이 있었습니다. 아쉽게도 지금은 없어졌지만 마치 앞서 말한 성화를 그대로 연출하는 것 같았습니다.

베드로에게 천국의 문 열쇠가 맡겨졌다는 마태오 16장 19절의 말씀은 어느새 하나의 그리스도교 민중신앙이 되어버려 베드로 성인이 실제로 천국문의 열쇠를 가지고 있다고들 생각합니다. 그러니 천국에 들려면 어떻게든 베드로 성인의 비위를 열심히 맞추어야겠지요.

9 하나, 둘, 셋

시간과 공간은 수(數)에 따라 분류되고 질서가 잡힙니다. 인간은 자기 자신의 몸을 보고 수의 중요성을 깨닫게 된 것이 아닐까 합니다. 머리와 심장은 하나씩인데 눈과 귀와 손발은 각각 둘씩 있고 손가락은 다섯 개나 달려 있다고. 그리스 철학자 피타고라스는 존재 자체의 원리는 수에 있다고 보았습니다.

그리스인과 이스라엘인은 수를 문자로 표시했습니다. 예컨대, A는 하나, B는 둘, C는 셋 하며 써 나가다 보면 'C 사람'이 '세 사람'을 가리키게 됩니다. 그 결과 어떤 낱말을 수로 말할 수가 있었습니다. 그 유명한 예로 잔학한 로마 황제 네로의 이름을 들 수 있는데, 그 수는 히브리 말로

666에 해당합니다. 성서에 있어 6은 좋지 않은 수입니다. 그 6이 세 차례나 되풀이되다 보니 극히 나쁜 무엇을 의미하게 되었던 것입니다(12장 '여섯' 참조).

이러한 숫자놀이를 그리스인이나 이스라엘인들은 매우 좋아했습니다. 요즘 한국에서 이삿짐 센터의 전화번호를 2424로 한다든가 택배 서비스를 8282로 부른다든가 하는 것도 하나의 예가 되겠습니다. 아무튼 어떤 문화에서든지 수에는 제 나름의 의미가 있게 마련입니다.

이제부터 성서 안에 나타나는 수의 의미를 조금씩 설명하기로 하겠습니다. 성서 안에 나오는 수의 의미를 알게 되면 성서의 좋은 소식이 더 잘 이해되지 않을까 합니다.

하나

'하나'라는 수는 특히 한 분이신 하느님을 가리킵니다. 신명기 6장 4절에 "너, 이스라엘아 들어라. 우리의 하느님은 야훼이시다. 야훼 한 분뿐이시다"라고 하였습니다. 모든 것의 근원은 하나였습니다. 그러므로 하나는 '일치'를 표시합니다.

둘

그러나 인간이 죄를 범한 결과 그 '하나'가 무너졌습니다. 선과 악, 남과 여, 삶과 죽음 등 모든 것이 둘로 갈리어 이 세상에는 분열이 생겼습니다.

그 전형적인 이야기가 바로 바벨탑의 설화입니다. 그때까지 온 세상 사람들은 모두 한 가지 말로 이야기했었는데 오만의 죄의 결과로 온갖 언어가 생겨나 서로서로 알아들을 수가 없게 되었습니다.

그러니까 '둘'은 '분열'을 의미합니다. 원래의 '하나'를 되살리는 것이 구원의 목적이기도 합니다.

셋

'셋'도 대단히 중요한 숫자입니다. 셋에 의하여 이원성, 상대성이 풀이됩니다. '셋'은 또 사물과 시간의 시작과 가운데와 마침을 가리킵니다.

신기하게도 힌두교, 불교 등 대부분의 종교에는, 특히 그리스도교에는, '삼위일체'가 있습니다.

성서 안에서도 '셋'이라는 수는 귀중한 것으로, '셋'과 '세 차례'는 '하느님의 세계'를 가리킵니다. "거룩하시도다, 거룩하시도다, 거룩하시도다, 만군의 주 하느님"(이사 6.3) 하며 천사는 찬미합니다. 이는 하느님이 가장 거룩한 분이시라고 칭송하는 노래입니다.

이밖에도 '셋'의 예를 다 들자면 끝이 없습니다. 노아의 아들들은 셈, 함, 야벳 셋이었습니다. 구원사의 대조大祖 또한 아브라함, 이사악, 야곱 세 분이었습니다. 장궤도 세 번씩 하는 등 무엇을 할 때면 세 차례씩 되풀이하는 경우가 흔합니다.

신약성서에도 삼위일체뿐 아니라 예수님이 세 차례의 유혹을 받기도 하셨고 사흘 동안 무덤에 묻혀 계시기도 하였습니다.

전례에서는 세 번 되풀이가 예사로 되어 있어 자비송, 감사송, 평화의 찬가 등 모두 세 차례씩 부릅니다.

삼세번이라고 하는 흔한 말을 비롯, 불교에서 쓰는 삼세인과三世因果라는 심오한 관념을 보더라도 우리 문화권에서도 '셋'이 얼마나 중요한지 알 수 있습니다.

10 넷

'넷'이라는 수는 넉 '사'四자가 죽을 '사'死자와 그 음이 통한다 하여 연기緣起가 언짢은 수로 간주되어 우리나라 아파트나 병원에서는 쓰기를 꺼리고 있습니다. 그러나 중국문화에서는 자고로 상원하방上圓下方이라 하여 하늘은 둥글고 땅은 네모로 보았는데, 이는 둥근 머리를 네모의 몸으로 이고 서 있는 인간의 몸과 상응하는 중심적 상징이기도 합니다. 과연 거의 모든 문화에서는 '넷'이 자연을 표시한다고 여깁니다.

그것은 무리도 아닙니다. 예로부터 인간은 사방四方이 있음을 깨닫고 살았고 지구의 온대지역에서는 사계절이 있습니다. 벨기에에도 사계절이 있느냐고 저자의 고향에 대해 묻는 이들이 더러 있는데, 사계절이 뭐 일본에만 있다고 교과서에 나오기라도 하는 것일까요.

그건 그렇다 치고, 영어에도 spring, summer, autumn, winter라는 말이 있듯이, 열대나 한대가 아닌 나라인 이상 사계절은 대부분 인간의 생활에 언제나 큰 영향을 미치고 있습니다.

그러기에 넷과 자연은 서로 뗄 수 없는 관계라고 하겠습니다. 모든 것은 토수화풍土水火風 4대 원소로 이루어진다고 가르친 사람은 한 그리스 철학자였습니다. (한편, 동양에서는 목화토금수木火土金水 다섯 원기로 만물이 생성한다고 가르칩니다.)

성서 안에서 넷이라는 수는 하느님께서 창조하신 전소우주, 전세계를 표시합니다. 이미 창세기 2장 10절에 "에덴에서 강 하나가 흘러나와 그 동산을 적신 다음 네 줄기로 갈라졌다"고 적혀 있습니다.

에제키엘 1장 4-14절과 요한 묵시록 4장 6절에는 하늘의 하느님 옥좌 둘레에는 네 마리 생물의 모습이 있어 전자연, 전세계의 힘을 나타내고 있다고 하였습니다.

신약성서에서도 넷은 깊은 뜻을 지닙니다. 마태오, 마르코, 루가, 요한의 4복음서는 곧 세계 사방에 예수님의 기쁜

소식을 전하는 복음서 네 권입니다. 요한 묵시록 4장 7절에 나타나는 네 생물의 모습은 복음사가 각자의 상징을 이루고 있습니다. 그 상징은 각 복음서의 시작과 관계가 있습니다.

'마태오'의 상징은 인간 또는 인간의 얼굴입니다. 마태오에 의한 복음서는 예수님이 사람의 아들임을 말하는 계보로 시작되기 때문입니다.

'마르코'의 상징은 사자입니다. 마르코 복음서는 세례자 요한이 광야에서 외치는 설교로 시작하기 때문에 광야의 왕이라 할 사자가 그를 상징합니다.

'루가'의 상징은 황소입니다. 루가에 의한 복음서는 사제 즈가리야가 지성소至聖所에 들어가 향을 피우는 장면으로부터 시작하기 때문에, 그를 상징하는 황소는 제단에서 바쳐지는 번제물燔祭物을 가리키고 있습니다.

'요한'의 상징은 독수리입니다. 요한에 의한 복음서의 첫 마디는 "한 처음에 말씀이 계셨다. 말씀은 하느님과 함께 계셨다"로 시작합니다. 마치 독수리가 하늘 높이 날듯이 요한의 복음은 처음부터 드높은 하늘의 하느님 곁에까지 우리를 데리고 올라가기 때문입니다.

이렇듯 네 복음서는 전세계의 구원의 상징이 된 것입니다.

11 다섯

다섯이라는 수는 성서에 곧잘 쓰이고 있는 수인데도 그 유래는 전문가들마저 분명히 모릅니다.

모세오경(창세기, 탈출기, 레위기, 민수기, 신명기)은 구약성서의 가장 중요한 부분이며, 신약성서에는 예수님이 다섯 개의 빵으로 오천 명을 먹이셨다는 유명한 이야기가 마르코 복음에 실려 있습니다(6,38-42).

마태오 복음에는 다섯 명의 슬기로운 처녀들은 등잔 기름을 준비하고 신랑이 오기를 기다렸지만 기름 준비를 게을리한 다섯 명의 어리석은 처녀들은 혼인잔치에 못 들어갔다는 비유가 나옵니다(25,1-13). 그리고 다섯 달란트를 종에게 맡기고 길을 떠난 주인의 이야기로 이어집니다. 어째서 이처럼 '다섯'이라는 수를 고집하고 있는지 그 뜻은 아무도 모릅니다.

정말 왜 그런지는 잘 모르겠지만 어쩌면 열의 반이 다섯이기 때문이 아닐까 생각해 봅니다. 인간이 자기 손과 발에 손가락 발가락이 다섯씩 달려 있음을 인식한 것과도 깊은 관계가 있을 듯합니다. 동양에는 예로부터 사람의 온 몸을, 즉 머리와 사지를 합쳐 이르는 오체五體라는 관념이 있습니다.

또, 하느님께서 모세에게 계명을 주셨을 때 그 석판을 둘로 쪼개어 거기에 십계를 적어 주셨습니다. 한 쪽에 계명이 다섯씩 새겨졌던 셈입니다.

이와 관련해서 한마디 한다면, 천주교와 개신교는 십계의 순서가 서로 다릅니다. 천주교에서는 ① 너희 하느님은 나 야훼이니, 너희는 내 앞에서 다른 신을 모시지 못한다, ② 하느님의 이름 야훼를 함부로 부르지 못한다, ③ 안식일을 기억하여 거룩하게 지켜라, ④ 부모를 공경하여라, ⑤ 살인하지 못한다, ⑥ 간음하지 못한다, ⑦ 도둑질하지 못한다, ⑧ 거짓 증언을 못한다 — 이런 순서로 되어 있어 성性에 관한 죄는 제6계로 다스리고 있습니다. 한편 개신교에서는 같은 이 계명이 제7계로 나와 있습니다. 외국어 책을 읽을 때는 이 점을 염두에 두어야 합니다.

그렇다면 어째서 이렇게 되었을까 궁금해집니다. 어떤 것이든 그 모양을 본떠 새긴 우상을 섬기지 못한다는 개신교의 제2계를 천주교 교리 안의 십계에서는 생략하였기 때문입니다. 그것은 아마 하느님과 성인의 상을 만드는 것을 천주교에서는 이미 허용하고 있었기 때문일지도 모릅니다.

이로 인해 우스운 결과가 나왔습니다. 십계가 아홉으로 줄어버리면 어색하게 되겠기에 천주교에서는 열째 계명을 둘로 쪼갰습니다. ⑨ "남의 아내를 탐내지 못한다"와 ⑩ "남의 소유를 탐내지 못한다"로 나눈 것입니다(탈출 20,17).

하느님께서 당초 석판에 새겨 주신 계명 중 처음 다섯 가지는 하느님과 어버이에 대한 계명, 즉 인간의 종적인 관계를 나타내는 것으로 생각할 수 있습니다. 이어서 같은 석판에 새겨 주신 나머지 다섯 가지 계명은 인간과 인간 사이의 계명, 즉 인간의 횡적인 관계를 규정한 것으로 볼 수 있습니다. 한마디로 천륜天倫과 인륜人倫으로 나뉘어 있습니다.

이렇게 이해하는 편이 훨씬 더 합리적이라고 할 수 있겠지요. 이렇게 보면 다섯이라는 수는 역시 열의 절반을 의미하고 있는 셈이 됩니다.

12 여섯

'일곱'은 완성을 의미하는 수인 만큼 '여섯'은 무언가 하나 모자라는 뜻을 띕니다.

탈출기에 "엿새 동안은 일하되 이렛날은 야훼의 안식일이므로 어떠한 일도 하지 못한다"(20,9-10)고 적혀 있습니다. 재래의 우리 사회에서는 쉬지 않고 일하는 것이 좋다고 생각하는 편이었으나, 성서의 세계는 다릅니다. 쉬는 일이 더 중요하다는 생각을 바탕에 깔고 있습니다. 어쨌든 여섯은 별로 좋은 수로 여기지 않았습니다.

요한 묵시록에 보면 "바로 여기에 지혜가 필요합니다. 영리한 사람은 그 짐승을 가리키는 숫자를 풀이해 보십시오. 그 숫자는 사람의 이름을 표시하는 것으로서 그 수는 육백

육십육입니다"⁽¹³·¹⁸⁾ 하였습니다. 그런데 이 666은 과연 어떤 인간을 가리키는 말일까요?

666은 반反그리스도antichrist, 즉 그리스도인의 적을 일컫는다고 여겨 왔습니다. 그중에서도 가장 유력한 후보자로는 로마 황제 네로라는 설이 있었습니다. 히브리 말에는 본래 숫자가 없어서 알파벳으로 수를 나타냈습니다. 히브리 말로 네로의 이름을 세어 보면 바로 666이 된다는 것입니다.

그러나 이러한 풀이에 대해서도 여러 가지 이견이 있습니다. 묵시록은 결국 누구라고 명시하지 않은 채 그 인물이 세상 마칠 때에 그리스도인들을 박해하는 가장 나쁜 인간으로서 심판받으리라고 말하려 했던 것 같습니다.

나쁜 수인 6을 666이라고 세 차례나, 즉 완전히 겹쳐 놓음으로써 가장 악한 적그리스도를 말하려 했는지도 모릅니다.

13 일곱

'일곱'은 성서 안에서 가장 중요한 수입니다. 자연계에서도 일곱이라는 수는 중대한 역할을 하고 있습니다. 달은 초생달로 시작하여 이레가 지나면 반달, 다시 이레가 지나면 보름달, 또다시 이레가 지나면 도로 반달, 그리고 다시 이레가 지나면 초생달로 돌아가는 반복으로 밤하늘을 밝혀줍니다. 빛깔은 무지개의 일곱 색이 그 기본이 되어 있는가 하면 양악의 음계도 일곱의 음정으로 되어 있습니다.

　성서가 집필된 시대에는 지구를 중심으로 일곱 개의 행성이 있다고 여겼습니다. 해도 달도 모두 행성의 하나라고 생각하여 행성의 이름들이 그대로 일, 월, 화, 수, 목, 금, 토라는 요일 이름으로 남게 되었습니다.

고대에는 세계의 7대 불가사의를 꼽기도 했지만, 성서가 일곱이라는 수를 쓴 곳은 그야말로 헤아릴 수조차 없습니다.

예컨대, 하느님께서 천지만물을 지어내시는 일을 마치고 강복하신 것은 이렛날(창세 2,3)이었던 연유로 이스라엘은 일주간을 7일로 정했습니다. 다른 문화에서 한 달을 열흘씩으로 나누어 상순, 중순, 하순으로 가르고 있는 것과 비슷한 이치라 하겠습니다.

레위기에는 "칠 년째 되는 해는 땅에 안식을 주지 않으면 안된다"(25,4)고 정하여, 칠 년마다 농사짓던 밭을 묵히는 규정이 있었습니다. 야훼께서 모세에게 일러주신 등잔대(매노라)도 일곱 개의 등잔을 얹는 일곱 개의 가지가 있었습니다(민수 8,2). 모세가 죽은 뒤 그 뒤를 이은 여호수아는 예리고에 쳐들어가던 날 아침, 결약의 궤를 앞세워 숫양 뿔나팔을 든 사제 일곱 명과 무장병으로 하여금 예리고 성을 일곱 바퀴 돌게 하여 이렛날에 기적적으로 요르단의 이 거점을 함락시켰습니다(여호 6,4).

신약에서도 '일곱'이 나오는 모습들이 인상에 남습니다. 마르코 8장은 예수님께서 일곱 개의 빵을 쪼개어 군중을 배불리 먹이셨고 그 부스러기가 일곱 바구니나 남았다는 기적 이야기를 합니다(5-10). 또, 형제가 내게 죄를 범하면 일곱 번까지 용서해 주어야 합니까 하고 묻는 베드로에게 예수님께서는 일곱 번씩 일흔 번까지라도 용서하라고 대답하십니다(마태 18,21-22).

요한 묵시록에는 거의 각 장마다 일곱이라는 숫자가 나옵니다. 그래서 현대 교회에서도 일곱 가지 죄의 뿌리(교만, 인색, 질투, 분노, 음욕, 탐욕, 나태)라든가 성령의 일곱 특은(지혜, 통찰, 의견, 용기, 지식, 효성, 경외), 일곱 성사(세례, 견진, 성체, 화해, 병자 도유, 서품, 혼인) 등, 일곱은 매우 중요한 숫자로 되어 있습니다.

그렇다면 일곱은 무엇을 의미하는 것일까요. 종종 '럭키 세븐' lucky seven이라는 말도 듣게 됩니다만, 성서에서는 일곱이 행운을 뜻하지는 않습니다. 일곱은 '완성'을 나타냅니다. 혹시 하나가 모자라든가 하나가 남더라도 갖출 것이 다 갖추어져 있으면 '일곱'이라고 형용합니다.

셋은 '하느님의 세계'를, 넷은 '자연'을 의미한다고 했는데, 일곱은 하느님의 세계인 셋과 자연의 세계인 넷을 합친 '완성'을 의미합니다.

동양 민속에도 견우와 직녀의 애절한 사랑의 만남이 성취되는 칠월칠석七月七夕이 있습니다.

14 여덟

'여덟'은 '새로운 출발'을 의미하는 수입니다.

베드로의 첫째 편지에 "(갇혀 있던) 영들은 옛날에 노아가 방주를 만들었을 때 하느님께서 오래 참고 기다리셨지만 끝내 순종하지 않던 자들입니다. 그 방주에 들어가 물에 빠지지 않고 구원을 받은 사람은 겨우 여덟 사람뿐이었습니다"(3.20)라 하였고, 홍수로 인류를 멸망시키신 하느님은 노아를 택하여 여덟 사람만을 구제함으로써 새로운 인류를 시작하셨습니다.

사무엘 상권에는 이런 얘기도 있습니다. 이새는 아들 일곱을 사무엘에게 소개했습니다. 그러나 그중 어느 아들도 뽑히지 않고 양을 치러 나가 있던 여덟째인 막내아들 다윗이 이스라엘 왕으로 기름부음을 받습니다(16.5-13). 구세주가 거기서 날 새로운 왕조는 그렇게 시작되었습니다.

예수님은 한 주간의 여드레째 날인 일요일 아침에 부활하셨습니다. 그 여덟째 날이야말로 예수님을 통하여 하느님과 사람이 맺어지는 새 시대의 개벽입니다.

그리스도교에서는 "마음이 가난한 사람은 행복하다. 하늘나라가 그들의 것이다"로 시작하는 산상수훈의 진복팔단('행복선언': 마태 5,3-10; 루가 6,20-23)이 귀에 익습니다. 역학易學의 팔괘八卦는 우리 문화권의 민간신앙을 깊이 좌우하고 있습니다. 사람들이 늘 입에 올리는 팔자八字라는 말도 인간의 숙명을 정하는 것으로 여겨지고 있습니다. 불교에서는 팔정도八正道를 수행의 기본으로 삼고 있습니다.

* * *

여기 한마디 덧붙인다면, '아홉'이라는 수는 성서에서 별뜻이 없습니다. 역학에서는 홀수를 양陽으로 보아 적극적인 뜻을 부여합니다. 그중에서도 특히 아홉은 배수의 자리의 숫자를 더해 나가면 결과적으로 역시 아홉이 되기 때문인지 (예컨대, 9의 두 배인 18은 십자리의 1과 한자리의 8을 합하면 9가 된다 등) 다른 숫자와는 그 격이 다르며, 그래서인지 중국에서는 황제만이 쓸 수 있는 특별한 숫자로 다루었습니다.

15 열

'열'은 인간의 손가락의 수효입니다. 원시인은 자기 손가락으로 물건의 수를 헤아렸겠지요. 옛날부터 열은 십진법의 기본이었습니다. 성서에서는 '십계의 수'입니다. 불교에서는 미계迷界와 오계悟界를 통틀어 십계十界라고 이릅니다. 또 시방十方세계는 온 세계를 가리킵니다.

창세기에 보면 아브라함이 모든 것의 십분의 일을 드높으신 하느님의 사제인 살렘 왕 멜키세덱에게 드렸다고 씌어 있습니다(14.20). 또 레위기에는 이스라엘의 땅에서 수확한 것의 십분의 일은, 그것이 곡식이든 과일이든 가축이든, 주님께 바친다는 규정이 적혀 있습니다(27.30).

가톨릭 교회의 유지비도 프랑스 혁명 무렵까지는 각자의

소득의 십분의 일로 충당했었습니다. 기독교에서는 십일조十一租를 헌납하는 제도가 아직도 상당히 유효한가 봅니다.

신약성서에는 신랑을 기다리는 열 명의 처녀 이야기(마태 25,1-13)와 또 예수님께서 열 명의 나환자를 고쳐주신 기적 이야기(루가 17,11-19)가 나옵니다.

일곱을 설명하는 대목에서 일곱은 완성을 의미하는 바, 비록 무언가 하나 모자라든 하나 남든 간에 갖출 것을 모두 갖추어 있기만 하면 '일곱'으로 표현한다고 했습니다. 그러나 열은 열로 똑 떨어져, 보태지도 빼지도 못하는 수입니다.

16 열둘

성서에서 '열둘'은 일곱에 못지않은 '중요한 수'입니다. 일년에는 열두 달이 있고 하루에는 열두 시간이 있습니다.

민족에 따라서는 열을 수의 기본으로 하지 않고 열둘을 중심으로 하는 소위 십이진법을 취하기도 했습니다. 바빌로니아가 그랬습니다. 오늘날의 우리들도 열두 개를 묶어 한 다스라고 합니다.

여담이지만, 어떤 문화권에서는 스물이 수의 기본을 이루었습니다. 아마 손가락과 발가락 수를 모두 합해서 센 결과겠지요. 일설에 의하면 프랑스 문화가 그랬다고 합니다. 팔십을 '까트르 뱅' quatre-vingts이라고 하는데 이것은 '네 스물'이라는 뜻입니다.

여하튼 이스라엘에서는 열둘이 특별히 중요했습니다. 야곱의 열두 아들들은 이스라엘의 열두 부족의 시조가 되었습니다. 열두 부족의 제도는 각 부족이 일년 동안 차례로 한달씩 성전에 시종해야 했던 데서 생겼다고도 합니다. 사제단도 열두 조로 나뉘었습니다.

대사제가 지성소에 들 때 입는 흉배에는 열두 개의 보석이 나란히 박혀 있었습니다. 이 보석들, 즉 홍옥수, 황옥, 취옥, 홍옥, 청옥, 백수정, 풍신자석, 마노, 자수정, 감람석, 얼룩마노, 벽옥 등은 각각 열두 부족의 이름을 나타냈습니다(탈출 28,15-21).

이들 보석은 또 열두 달을 각각 가리켜 일정한 달에는 일정한 보석이라는 식으로 오늘날의 탄생석을 낳게 했습니다.

열왕기 상권에 의하면 성전의 비품인 '바다'라는 놋대야는 소 모양을 한 열두 개 발로 받쳐 있었습니다. 소예언자도 호세아, 요엘, 아모스, 오바디야, 요나, 미가, 나훔, 하바꾹, 스바니야, 하깨, 즈가리야, 말라기 — 이상 열두 명입니다.

예수님은 이스라엘 부족의 수를 의식하시어 제자들 중에서 열두 사람을 새로운 이스라엘인 교회의 책임자로 뽑으셨습니다. 베드로, 안드레아, 야고보와 그 아우 요한, 필립보, 바르톨로메오, 마태오, 토마, 알패오의 아들 야고보, 타대오, 시몬, 유다 등 이른바 십이 사도가 그들입니다. 그래서 예수님은 이렇게 말씀하십니다. "너희는 나를 따랐으니 새 세상이 와서 사람의 아들이 영광스러운 옥좌에 앉을 때에 너희도 열두 옥좌에 앉아 이스라엘 열두 지파를 심판하게 될 것이다"(마태 19,28).

요한 묵시록은 새 이스라엘을 열둘이라는 수로 표현하고 있습니다. 하느님 영광으로 빛나는 도읍의 성벽에는 토대가 열둘이 있고 문도 열둘이 나 있습니다. 하느님의 어린양의 옥좌에서 흘러나오는 생명의 물이 이루는 강의 양편에는 해마다 열두 차례 매달 열매를 맺는 생명의 나무가 자라고 있습니다(21,12-22).

덧붙여, 니케아 신경도 열두 신조로 이루어져 있습니다.

17　열셋

'13일 금요일'이라고 하면 무슨 언짢은 일이라도 일어나지 않을까 하는 두려움이 뇌리를 스치는 사람도 적잖이 있을 것입니다. 그러나 성서에서는 '열셋'이라는 수에 아무런 의미도 없습니다.

후일, 그리스도교 세계에서는 열셋이 불길한 수가 되었습니다. 그것은 최후 만찬 때 열두 사도와 예수님을 합치면 열세 사람이 있었기 때문입니다. 그 열세 사람의 한 명인 예수 그리스도께서 사형당하셨기 때문에 열세 사람의 모임이라는 것은 불길하게 여겨지게 되었습니다.

그 결과 열셋이라는 수는 아예 나쁜 것으로 생각하게 되었는데, 이에 더하여 그리스도께서 처형되신 날이 금요일이었기 때문에 13일 금요일은 더더욱 불길한 날로 느껴지게 되었습니다.
 이것은 전적으로 하나의 미신일 뿐입니다.

18 서른

이스라엘 사회에서는 나이 서른이 되면 '어른 세상에 드는 나이'(成年)에 이르렀다고 봅니다. 예를 들면 서른 살이 되어야 비로소 선생(랍비)이 되어 사람들 앞에 서서 가르칠 수 있었습니다.

그런 까닭에 예수님께서도 서른이 되시고 나서야 공생활에 들어가신 것입니다.

19 마흔

'마흔'은 성서의 세계에서 한 세대를 나타내는 수입니다.

이스라엘 사람들은 에집트를 탈출하여 시나이 반도 광야를 방랑하는 동안 자주 하느님께 등을 돌렸습니다. 그 벌로 에집트를 탈출한 사람은 누구 하나 약속한 땅인 가나안에 살아서 들어갈 수 없었습니다.

시나이에서 방랑하던 40년은 에집트를 탈출한 세대의 사람들이 모두 죽을 때까지 시나이 반도에 머문 기간을 의미합니다. 그 40년에 걸쳐 이스라엘 민족은 일찍이 에집트살이 시대에는 상상도 못하던 고난을 통해 교육을 받아야 했습니다. 이로부터 40이라는 수가 '고행기간, 시련기간'을 뜻하게 되었습니다.

창세기에는 노아의 홍수가 40일 동안 온 땅을 뒤덮었다고 하였고(7.17), 모세도 시나이 산 위에서 40일 주야를 머물고 나서 하느님의 율법을 반포하였습니다(탈출 24.18).

요나는 "사십 일이 지나면 니느웨는 잿더미가 된다"고 외치며 니느웨 사람들에게 단식을 호소했습니다(3.4). 예수님 자신도 공생활의 준비로 광야에서 40일간의 단식을 하셨습니다.

같은 뜻으로 교회도 40일간의 사순절을 제정하여 지내면서 부활을 준비하는 것입니다.

20 천

'천'이라는 수는, 천 개라는 보통 의미 외에도, 성서에서는 아주 '많다'는 의미로 쓰입니다. 우리가 쓰는 '천태만상'의 천 같은 뜻이겠습니다.

예를 들어, 요나서에 하느님께서 마지막으로 "이 니느웨에는 앞뒤를 가리지 못하는 어린이만 해도 십이만(백이십×천 명)이나 되고 가축도 많이 있다. 내가 어찌 이 큰 도시를 아끼지 않겠느냐"고 말씀하십니다(4.11). 다시 말해 니느웨의 인구가 대단히 많았다는 의미입니다.

성서에서 쓰는 히브리어에는 천 이상의 수를 가리키는 말이 따로 없습니다. 우리말 같으면 천 위에는 만, 만 위에는 십만, 십만 위에는 백만, 백만 위에는 천만, 천만 위에는 억, 억의 일만 배는 조, 조의 일만 배는 경이라는 식으로 셉니다. 히브리 말 같으면 만은 십천, 십만은 백천, 백만은 천천 — 이런 식으로 나갑니다.

여담입니다만, 번역은 곧 오역이다 또는 반역이다 따위 말은, 이 말에서 저 말로 문자 그대로 옮기다 보면 생각지도 않던 잘못을 가져올 수 있다는 뜻입니다. 이미 2천2백 년 전 구약성서의 집회서 머리말에 독자들에게 "우리의 노력에도 불구하고 어떤 구절의 번역이 혹 잘못되었으면 널리 양해해 주기를 바란다. 원래 히브리어로 표현된 말을 다른 언어로 번역해 놓으면, 그 뜻이 제대로 드러나지 않는 수가 많다"고 미리 말해 두고 있습니다(15-22절).

성서에서의 '천'에 관해서는 번역 그 자체가 불가능한 경우마저 있습니다. 요한 묵시록이 그 예로서, 이스라엘의 12지파 중에서 각각 일만이천(십이×천) 명이 구원의 날인을 받았다고 했습니다(7,5-8). '열둘'이란 상징적인 수입니다. 이스라엘에 12지파를 일으키시고 예수 그리스도께서 12사도를 뽑으신 것은 하느님 백성인 이스라엘이, 그리고 신자 공동체인 교회가, 완전한 형태를 갖추고 있다는 뜻입니다.

열둘을 천으로 곱하여 일만 이천(히브리 말로는 12천) 명으로 함으로써 요한 묵시록은 12지파 하나하나가 모조리 구원된다는 것, 바꿔 말해 구원된 사람의 수는 엄청나게 많다는 것을 말해줍니다. 여호와의 증인들이 말하듯이 그저 글자 그대로 일만 이천 명만이 구원받는다는 뜻은 전혀 아닙니다.

또 12지파에서 각각 일만 이천 명씩의 사람들이 구원받는다는 말은 12×12×1,000이므로 모두 합해 144,000명이 됩니다. 우리말 묵시록에는 그대로 '십사만 사천 명'으로 옮겨 놓았으나(7,4), 이것은 열둘의 제곱의 천배, 다시 말해 구원받는 사람의 수는 헤아릴 수 없이 많다는 것을 상징적으로 드러내 주는 말입니다.

묵시록의 이 대목을 우리말로 옮겨 일만 이천 명이라고 써 놓으면 12×1,000명의 상징적 의미가 사라져 버립니다. 히브리 말 그대로 십이천이라고 쓰면 괜찮겠지만 우리말로는 일만 이천이라고 옮길 수밖에 없습니다.

이것은 오역이 아니라 그대로는 번역할 수 없는 대목이라고 해야 옳겠지요. 한 가지 해결책이 있다면 일만 이천이라는 말 뒤에 12×1,000이라고 숫자로 적어 넣으면 좀 나아질지도 모릅니다.

21 할례

아시아, 아프리카, 호주 등지의 여러 민족은 할례(割禮)를 행합니다. 할례란 남근의 귀두부 포피를 베어내는 수술로서 아주 옛날부터 있어 왔습니다.

할례의 목적은 학자들도 잘 모르는 듯하며, 아이를 더 많이 낳는 소원이나 위생의 이유 이외에도, '어른이 되는 표시'로 보아 왔습니다. 사내아이는 할례를 받음으로써 비로소 정식으로 그 공동체의 일원으로 인정되었습니다. 대체로 사춘기가 시작되는 열두 살쯤에 할례를 받습니다.

할례는 더 나아가 종교적인 의미도 지닙니다. 하느님과 아브라함 사이에 맺은 계약의 표시(창세 17,11)로 할례를 명한 이래 전통적인 의식으로 이어져 와 유대인 사내아이는 생후

여드레째에 할례를 받게 되었습니다. 예수님도 태어난 지 여드레 만에 할례를 받으시면서 이름을 예수라 하셨습니다.

그리스와 로마 제국에서는 반대로 할례를 금했습니다. 마카베오 상권에는 "악의 원흉, 안티오쿠스 에피파네스가 … 왕위에 올랐다. 그 무렵 이스라엘에서는 율법을 어기는 반역자들이 생겨 '주위의 이방인들과 맹약을 맺읍시다' 하며 사람들을 선동하였다. … 그리하여 그들은 곧 이방인들의 풍속을 따라 할례받은 흔적을 없애고 거룩한 계약을 폐기하고 … 악에 가담하였다"(1.10-14)고 기록되어 있습니다.

또한, 할례를 받지 않는다는 것은 완성되지 않은 상태라는, 불완전이라는 의미를 띱니다. 탈출기에 모세는 야훼께 "저는 입술에 할례를 안 받은 자인데 파라오가 어찌 제 말을 듣겠습니까" 하였습니다(6.30). '할례받지 않은 입술'이란 말솜씨에 능하지 못한 입이라는 뜻입니다. 예레미야는 "그런 말을 누구에게 하라는 것입니까. 일러준들 그 누가 듣겠습니까. 보십시오. 그들의 귀는 할례를 안 받아 들을 수가 없습니다"(6.10) 하고 푸념을 합니다. '할례받지 않은 귀'란 사람의 말을 들으려고 하지 않는 귀라는 뜻입니다.

그리스도교는 유대교의 할례를 폐지하고 그 대신 세례를 베풀기로 하였습니다. 그래서 본래 세례는 유대교의 할례를 본받아 갓난아기에게 베풀게 된 것입니다.

초대교회에서는 이방인 출신 신자가 할례를 받아야 할지 말아야 할지를 두고 격론이 일었지만, 47년에 열린 예루살렘 공의회에서 할례는 필요없다고 규정하였습니다. "그리스도 예수를 믿는 사람에게는 할례를 받았다든지 받지 않았다든지 하는 것이 중요하지 않고 오직 사랑으로 표현되는 믿음만이 중요합니다"(갈라 5,6)라고 바오로는 가르쳤습니다. 그래서 할례를 그만둔 결과 모든 민족들이 그리스도교를 수용하기 쉽게 되었습니다.

22 하느님의 어린양

가축 중에서도 가장 인간에게 의존하는 동물은 양이라고 합니다. 개라면 야생으로 되돌아가 들개가 되기도 합니다만 양은 전혀 그렇게 하지 못합니다. 태어나는 데서부터 먹고 마시는 데에 이르기까지 인간의 보살핌 없이는 죽어버린다고 합니다. 따라서 양은 양치기에게 완전히 의존한다고 할 수 있습니다.

이스라엘은 양이 많은 나라이어서 성서에는 양을 예로 들어 한 얘기가 적지 않습니다. 하느님께 대하여 인간이 신뢰하고 의지하는 마음의 상징으로 양이 자주 등장합니다.

양보다도 더 힘없는 것은 어린양입니다. 어린양을 동물 중에서 가장 연약한 것으로 치는 것은 제 힘으로는 아무것도 할 수 없기 때문입니다.

이사야서 53장 7절에는 앞으로 오실 구세주의 고난의 모습을 "그는 온갖 굴욕을 받으면서도 입 한번 열지 않고 참았다. 도살장으로 끌려가는 어린양처럼, 가만히 서서 털을 깎이는 어미 양처럼, 결코 입을 열지 않았다"고 표현하고 있습니다.

요한의 복음서와 묵시록에도 예수님을 '하느님의 어린양'이라고 일컫고 있습니다. 이는, 이스라엘 사람들이 해마다 과월절이면 에집트에서의 탈출을 기념하여 어린양을 잡듯이, 예수님이 우리들을 위하여 희생되셨기 때문입니다.

부활 대축일의 부속가(시편성가 74쪽)는 이 내용을 "어린양이 어미 양을 살려냈으며"라는 말로 노래하고 있습니다. 양인 우리들이 어린양인 예수 그리스도에 의해 구원되었다는 뜻입니다. 나약함 그 자체인 어린양이 죄와 악마에 대하여 큰 승리를 거둔 것입니다.

묵시록에는 아래와 같은 멋진 장면이 나옵니다. 요한이 인류의 운명이 적혀 있는 두루마리를 펼쳐 보기에 마땅한 자가 하나도 보이지 않아 몹시 울고 있었더니 원로들 가운데 하나가 "울지 마시오. 유다 지파에서 난 사자, 곧 다윗의 뿌리가 승리하였으니 그분이 이 일곱 봉인을 떼시고 두루마리를 펴실 수 있습니다" 하고 말합니다(5.5).

유다의 사자란 물론 구세주 그리스도를 가리키는 말입니다. 구약성서에서 사자는 승리를 거둘 수 있는 강력한 구세주의 상징이었습니다.

그런데 묵시록에 다시 보면 장면이 뒤바뀝니다. "이미 죽임을 당한 것 같았던 그 어린양은 … 앞으로 나와 옥좌에 앉으신 분의 오른손에서 그 두루마리를 받아들었다"(5.6-7)고 하였으니, 결국 봉인을 뗀 것은 어린양입니다.

구약의 사자가 신약에서는 어린양으로 변했습니다. 적을 짓밟을 것으로 기대되던 사자 같은 메시아가 아니라 사람들에게 잡혀 죽는 어린양이 된 것입니다.

이기는 것이 지는 것이고 패함으로써 승리를 얻는다는 역설은 그대로 어린양에게 해당합니다. 약하디약한 어린양이 승리를 거둔 것입니다. 이 어린양의 모습에 그리스도교의 모든 의미가 담겨 있습니다. 즉, "나는 섬김을 받기 위해서가 아니라 섬기기 위해서 왔다"고 그리스도께서 말씀하신 대로입니다.

미사 때 성체를 배령하기 전에 사제가 빵을 쪼개는 의식은 우리들을 위해 죽음을 맞으신 예수님의 몸이 부서짐을 뜻하는 상징입니다. 이때 노래하는 "하느님의 어린양, 세상의 죄를 없애시는 주님"이라는 평화의 찬가는 살해되신 한 생명을 함께 받아 모시는 인간의 더 무어라 할 수 없는 탄원입니다.

사제가 영해 줄 성체를 가리키면서 "하느님의 어린양의 성찬에 초대받은 이는 복되도다" 하면 우리들은 "저희가 주님을 두고 또 누구에게 가겠습니까" 하고 답하면서 어린양의 마음을 자기 마음으로 삼습니다. 이처럼 우리들 그리스도인은 사람들에게 봉사하고 사람들을 위하여 목숨을 내주겠노라고 선언하는 것입니다. 사제가 "그리스도의 몸" 하면 신자가 "아멘" 하고 답하는 데는 바로 그러한 의미가 담겨 있습니다.

23 구름

정상에 떠 있는 구름을 이고 있는 후지 산이나 백두산은 아름답고 신령스럽기까지 합니다. 어떤 민족이든 산 위에는 신들이 살고 있다고 생각합니다. 그리스의 준봉 올림포스도 예외가 아니어서 제우스를 비롯 그리스의 열두 신들이 거기 살았다고 합니다. 우리나라도 도처에 산신령을 모시고 있습니다.

그래서인지 예로부터 절이나 수도원은 흔히 산 위에 세우는 전통이 있습니다. 산은 하늘에 사는 신과 가장 가까운 곳인 반면 속세에서 가장 먼 곳이기 때문이겠지요.

그런데 높은 산은 종종 구름으로 덮여 있기 때문에 신이 구름 안에 숨어 있다는 믿음도 생기게 되었습니다. 모세가 하느님에게서 십계를 받은 시나이 산이 그 좋은 예로 "셋째 날 아침, 천둥소리와 함께 번개가 치고 시나이 산 위에 짙은 구름이 덮이며 나팔소리가 크게 울려 퍼지자 진지에 있던 백성이 모두 떨었다"고 했습니다(탈출 19,16).

또 구약성서에 보면 하느님께서는 구름을 타고 어디로든지 가실 수 있다고 믿고 있었습니다. 시편에도 "구름으로 수레를 삼으시고 바람 날개를 타고 다니신다"(104,3)고 하였고 이사야서에는 "보아라, 야훼께서 빠른 구름을 타시고 에집트로 거동하신다"(19,1)고 한 것을 보면, 구름은 마치 하느님의 자가용이라도 되는 것 같습니다.

구름은 또한 '하느님의 현존'을 나타냅니다. 특히 에집트에서 탈출하는 과정에서 낮이면 구름기둥이 되시어 그들을 이끄시고 밤이면 불기둥으로 그들을 비추어 주시어 이스라엘은 밤낮 없이 행진할 수 있었다는 기록이 있습니다(탈출 13,21). 마찬가지로 "모세가 장막에 들어서면 구름기둥이 내려와 장막 문간에 머물러 섰고 야훼께서 모세와 말씀을 나누셨다"(탈출 33,9)고 전하고 있습니다.

신약성서에서도 구름은 하느님 현존의 '표시'입니다. 예수님의 모습이 거룩하게 바뀌었을 때 "베드로의 말이 채 끝나기도 전에 빛나는 구름이 그들을 덮더니 구름 속에서 '이는 내 사랑하는 아들, 내 마음에 드는 아들이니 너희는 그의 말을 들으라' 하는 소리가 들려왔다"(마태 17,5)고 하였고, 승천하실 때도 "예수께서는 사도들이 보는 앞에서 승천하셨는데 마침내 구름에 싸여 그 모습이 보이지 않게 되셨다"(사도 1,9)고 말합니다.

마찬가지로 세상 마칠 때에도 예수님께서 구름을 타고 재림하시리라고 믿었습니다. 이것을 마르코는 "사람들은 사람의 아들이 구름을 타고 권능을 떨치며 영광에 싸여 오는 것을 보게 될 것이다"(13,26)라는 말로 묘사하고 있습니다. 묵시록에는 "또 내가 보니 흰 구름이 있고 그 구름 위에는 사람의 아들 같은 분이 머리에 금관을 쓰고 손에 날카로운 낫을 들고 앉아 있었습니다"(14,14) 하였습니다.

성서는 이처럼 자연의 현상인 구름에 견주어 보이지 않는 하느님을 마치 눈에 보이듯이 우리에게 드러내 줍니다.

24 사막

저는 중동을 여행하노라면 사막이 자아내는 신비적인 매력에 사로잡히곤 했습니다.

1983년에 약 석 달 동안 예루살렘에서 성서공부를 하고 있었는데, 매주 야외 연구여행이라는 것이 있었습니다. 그 때 이틀 동안 네겝 사막에서 지낸 적이 있습니다.

해질 무렵 색색으로 변해 가는 사막의 아름다움, 이것이 지금도 가장 인상에 남아 있습니다. 모래 위에 침낭을 깔고 드러누운 채 쳐다보는 하늘에 가득한 별들은 공기가 건조한 탓인지 마치 손에 잡힐 듯 가까이서 반짝이고 있었습니다.

그것은 물론 한 여행자의 낭만적 감상에 지나지 않는 것으로, 사막에는 엄연히 죽음의 일면도 있습니다. 모래바람에 굶주림과 목마름, 뱀과 전갈의 위험이 도사리고 있습니다. 풍요와는 정반대의 세상이 사막을 지나다니는 사람을 언제나 기다리고 있습니다. 에집트 신화에는 풍요의 신인 오시리스와 사막의 신인 셋과의 사이에 언제나 적대관계가 있었습니다. 그야말로 생명과 죽음의 싸움입니다.

이스라엘 사람들이야말로 이러한 사막의 무서움을 체험해 온 민족입니다. "우리는 호렙을 떠나 너희가 본 저 끝없고 무서운 광야를 지나서 우리 하느님 야훼께서 분부하신 대로 아모리인들이 사는 산악지대로 들어서는 길목, 카데스바르네아에 이르렀다"(신명 1.19)고 회고하고 있습니다.

탈출기에 적혀 있듯이 사막을 지나간 40년 동안은 이스라엘 사람들에게 있어 고통과 시련의 시대였습니다. 그러나 동시에 그들은 고행에 의하여 정화되기도 하였습니다. 호세아는 시련과 정화의 의미를 다음과 같이 설명하고 있습니다. "그러나 이제 나는 그녀(이스라엘)를 꾀어내어 빈들로 나가 사랑을 속삭여 주리라. 거기에 포도원을 마련해 주고 아골(고녀의) 골짜기를 희망의 문으로 바꾸어 주리라"(2.16-17)고 예언합니다.

* * *

하느님의 창조를 나타내는 중요한 말 두 마디가 있습니다.

'카오스'chaos와 '코스모스'cosmos가 그것입니다. 카오스는 천지 창조 이전의 혼돈 상태를, 코스모스는 질서정연한 우주를 가리킵니다. 하느님의 창조는 카오스를 코스모스로 바꾸어 놓는 일입니다. 창세기는 "한처음에 하느님께서 하늘과 땅을 지어내셨다. 땅은 아직 모양을 갖추지 않고 아무것도 생기지 않았는데, 어둠이 깊은 물 위에 뒤덮여 있었고 그 물 위에 하느님의 기운이 휘돌고 있었다"(1,1-2)는 말로 시작합니다.

이런 의미에서 사막은 '카오스의 상징'이 되었습니다. "내가 보니 땅은 혼돈과 불모요 하늘에는 빛이 사라졌다. 내가 보니 산은 떨고 있고 모든 언덕은 뒤흔들리고 있다. 내가 보니 사람도 없고 하늘의 새들도 모두 도망가 버렸다. 내가 보니 옥토는 사막이 되고 모든 성읍은 허물어졌다. 주님 앞에서 주님의 열화 같은 분노 앞에서 그렇게 되었다. 주님께서 이렇게 말씀하셨다. '온 땅이 폐허가 되겠지만 아직 끝장은 내지 않겠다'"(예레 4,23-27)고 하신 대로, 하느님께서 내리신 벌의 무서운 힘은 코스모스를 도로 카오스로 돌려놓는 데에 있습니다.

* * *

이스라엘의 대중신앙에는 흥미로운 신심도 있었습니다. 이에 따르면 사막의 주인은 아자젤이라는 악령이었습니다. 레위기에는 "아자젤의 몫으로 뽑힌 숫염소는 산 채로 야훼 앞에 세워 두었다가 속죄제물로 삼아 빈 들에 있는 아자젤에게 보내야 한다"(16,10)는 규정이 나옵니다.

하느님께서는 코스모스(질서)를 카오스(혼돈)로 돌려놓으실 수 있으시듯이, 카오스를 코스모스로 되돌려놓기도 하십니다. 이것이 바로 구원의 의미입니다.

이사야서에는 "메마른 땅과 사막아, 기뻐하여라. 황무지야, 네 기쁨을 꽃피워라"(35,1) 하였고, 이어서 "그때에 절름발이는 사슴처럼 기뻐 뛰며 벙어리도 혀가 풀려 노래하리라. 사막에 샘이 터지고 황무지에 냇물이 흐르리라. 뜨겁게 타오르던 땅은 늪이 되고 메마른 곳은 샘터가 되며 승냥이가 살던 곳에 갈대와 왕골이 무성하리라"(35,6-7)고 기약하고 있습니다.

* * *

이사야는 또한 "한 소리 있어 외친다. '야훼께서 오신다. 사막에 길을 내어라. 우리의 하느님께서 오신다. 벌판에 큰길을 훤히 닦아라. 모든 골짜기를 메우고, 산과 언덕을 깎아내려라. 절벽은 평지를 만들고, 비탈진 산골길은 넓혀라. 야훼의 영광이 나타나리니 모든 사람이 그 영화를 뵈리라. 야훼께서 친히 이렇게 약속하셨다'"(40,3-5)고 말합니다. 이것은 세례자 요한의 사명을 예언한 대목입니다.

세례자 요한은 "너희는 주님의 길을 닦고 그의 길을 고르게 하여라" 하고 회개의 세례를 선언하면서, 낙타 털옷을 입고 허리에 가죽띠를 두르고 메뚜기와 들꿀을 먹으며 사막에 살던 수행자였습니다(마르 1,3-6).

그리고 예수님 자신은 선조들이 홍해를 가른 물벽 가운데를 지나면서 에집트로부터 탈출한 것과 마찬가지로 요르단 강에서 세례를 받으셨고, 또, 선조들이 사십 년 동안 사막을 헤맨 것과 마찬가지로 사십 일 동안 광야에서 악마(아자젤?)의 유혹을 받고 이를 물리치셨습니다. 예수님은 그렇게 이제 곧 시작하실 선교생활을 위한 시련을 거쳐 정화되셨던 것입니다(마태 4,1-2).

* * *

그런데 로마의 콘스탄티누스 황제가 그리스도교 신앙을 공인한 밀라노 칙령(313년) 이후 그다지 순수했다고 할 수 없는 동기로 많은 사람이 영세를 했습니다. 그 결과 그리스도교 신앙은 종전의 순교시대와는 비교할 수도 없이 식어갔습니다. 이럴 무렵 열심한 신앙생활을 그리워하던 초대교회의 많은 사람들이 사막으로 숨어들어 엄한 고행을 시작하게 되었습니다.

이런 분들이 후대에 '사막 교부'로 불리게 되었고 그중에서도 성 안토니오(252~356)가 유명합니다. 성 아타나시오(296~373)가 쓴 성 안토니오 전기에 의하면 사막에서 대적하여 싸워야 하는 악마의 유혹은 정말 대단한 것이라 하였습니다.

성 파코미오(290~346)는 이런 사막 교부들을 한데 모아 처음으로 공동체를 이루었습니다. 이것이 오늘의 그리스도교 수도원의 기원입니다.

이들 수도자와 열심한 신자들의 영성을 살펴보면 사막은 오늘도 '시련과 정화'의 상징입니다. 정화의 사막을 거치지 않고서는 하느님과의 일치에 이를 수 없습니다.

25 잔

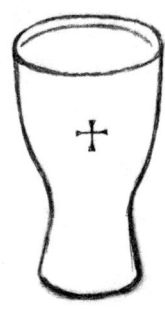

한마디로 말해, '잔'이란 술을 담아서 마시기 위한 그릇이지만 마실 것의 분량을 재는 데에도 쓰입니다. 항아리나 병에서 잔으로 하나씩 차는 분량을 따를 수가 있습니다. 또 같은 잔이 여러 가지 마실 것, 맛좋은 술이나 포도주 또는 쓰디쓴 약을 마시는 데 쓰이는가 하면 때로는 독을 마시게 하는 수도 있습니다. 그래서 잔은 사람 저마다의 운명을 정한다는 의미를 띠게 됩니다.

포도주를 마시는 줄 알았는데 그 안에 든 독으로 살해되는 사건도 있어, 옛날 임금들은 시음하는 종을 따로 두어 잔에 독이 있는지 없는지를 미리 확인시켰습니다. 이러한 의미로 성서에는 잔이 '사람의 운명을 나타내'는 비유가 되었습니다.

시편에 "야훼의 손에는 거품 이는 술잔이 당신 진노의 술잔이 들려 있어서 … 배반하는 자들이 이를 마셔야 하느니"(75.8), "깨어라, 깨어라. 너 야훼의 손에서 진노의 큰 잔을 다 받아 마신 예루살렘아"(이사 51.17) 한 대목들은 모두 다 불운을 가리키는 말임을 알 수 있습니다.

반대로 행운의 예로는 시편에 "원수들 보라는 듯 상을 차려 주시고, 기름부어 내 머리에 발라 주시니, 내 잔이 넘치옵니다"(23.5), "구원의 감사잔을 받들고서 야훼의 이름을 부르리라"(116.13) 하였습니다.

신약성서에서는 악운의 상징으로도 나옵니다. "예수께서 베드로에게 '그 칼을 칼집에 도로 꽂아라. 아버지께서 나에게 주신 이 고난의 잔을 내가 마셔야 하지 않겠느냐' 하고 말씀하셨다"(요한 18.11). 이 잔은 예수님께서 받으실 고난과 죽음의 운명의 잔입니다.

십자가 수난 전에 예수님께서는 "아버지, 아버지의 뜻에 어긋나는 일이 아니라면 이 잔을 저에게서 거두어 주십시오. 그러나 제 뜻대로 하지 마시고 아버지의 뜻대로 하십시오"(루가 22.42) 하며 올리브 산에서 참담한 기도를 바치십니다.

최후의 만찬 자리에서 예수님께서는 "잔을 들어 감사의 기도를 올리시고 그들에게 돌리시며 '너희는 모두 이 잔을 받아 마셔라. 이것은 나의 피다. 죄를 용서해 주려고 많은 사람을 위하여 내가 흘리는 계약의 피다'"(마태 26,27-28) 하시며 죽음의 잔을 당신의 십자가상 희생의 표시로 삼으십니다. 바오로는 고린토 신자들에게 보낸 편지에서 "그러므로 여러분은 이 빵을 먹고 이 잔을 마실 때마다 주님의 죽음을 선포하고 이것을 주님께서 다시 오실 때까지 하십시오"(1고린 11,26) 하며 같은 내용을 되풀이하고 있습니다.

아시다시피 미사에서 쓰는 잔은 '성작'聖爵이라고 부릅니다.

성서와는 직접 관계가 없는 이야기입니다만, '성작 전설'이라는 것이 중세 무렵에 생겼습니다. 예수님께서 최후 만찬 때에 쓰셨고, 아리마태아의 요셉이 그것으로 십자가에 달리신 예수님의 피를 받았다는, 이른바 '거룩한 잔' the Holy Grail을 기사들이 찾아다닌 이야기가 그것입니다. 이 설화가 영국의 아서Arthur 왕 전설의 중심 주제가 되어 이 성작을 찾는 일이야말로 덕이 높은 기사의 사명이라고 생각하였던 것입니다.

그리스도교 신자에게는 성작이 전설이 아니라 미사에 참여할 때마다 많은 사람을 위하여 흘리신 예수님의 성혈이라는 최고의 은혜를 받는 그릇입니다. 이렇듯 잔은 더이상 운명을 나타내는 그 무엇이 아니라 대은大恩이 된 것입니다.

26 소금

소금은 간을 본다는 말에도 나타나듯이 음식의 맛을 맞추는 기본입니다. 소금에 절여 음식을 보존하기도 하고 때로는 소금이 정화하는 뜻도 가집니다. 소금 없이는 인간이 살 수 없습니다.

우리네 삶에서는 소금이 부정을 씻는다는 의미가 특히 강조되어 초상집에서 돌아오면 소금을 뿌려 정화를 한 다음에야 집에 들어가곤 합니다. 일본에서는 씨름(스모)꾼이 정화의 소금을 한줌 획 뿌리고 나서 씨름판에 오르는 모습을 텔레비전에서도 흔히 봅니다.

그리스도교에서도 소금에는 '정화'의 의미가 있습니다. 제2차 바티칸 공의회 이전까지는 세례 때에 영세자의 입에 소금을 조금 넣었습니다. 에제키엘서에 "네가 나던 일을 말하자면, 네가 세상에 떨어지던 날 탯줄을 잘라 줄 사람도 없었고 목욕시켜 줄 사람도 없었으며 소금으로 문질러 줄 사람도 없었고 포대기에 싸 줄 사람도 없었다"(16,4)고 한 것으로 미루어 옛날에는 갓 태어난 아기를 소금으로 정화했던 모양입니다.

열왕기 하권에는 "성읍 사람들이 엘리사에게 말하였다. '스승께서도 보시다시피 저희 성읍은 매우 좋은 곳에 자리잡고 있습니다. 그러나 물이 나빠서 이 고장에서는 자식을 낳을 수가 없습니다.' 이 말을 듣고 엘리사는 새 그릇에 소금을 담아 오라고 하였다. 그들이 그릇에 소금을 담아 가져오자, 엘리사는 샘터에 가서 그 소금을 뿌리며 말하였다. '야훼께서 말씀하신다. 내가 이 물을 정하게 하리라. 이제 다시는 사람들이 이 물 때문에 죽거나 유산하는 일이 없을 것이다.' 그 물은 엘리사가 말한 대로 정하여져서 오늘에 이르렀다"는 기록이 있습니다(2,19-22). 이것은 소금을 가지고 물을 정화하는 관습이 성서의 세계에 이미 있었음을 보여주는 대목입니다.

제2차 바티칸 공의회 이전까지는 세례수와 성수에 소금을 넣었습니다. 물이 썩지 않도록 하는 배려에서였습니다. 우리나라에도 소금이 정화의 힘을 지녔다는 의식이 모처럼 있느니만큼 세례 때에 성수 축별(祝別)에 소금을 쓰지 않게 되었다는 것은 그리스도교의 토착화에 역행하는 방향으로 간 느낌이 듭니다.

"너희는 세상의 소금이다. 만일 소금이 짠맛을 잃으면 무엇으로 다시 짜게 만들겠느냐? 그런 소금은 아무데도 쓸데 없어 밖에 내버려 사람들에게 짓밟힐 따름이다." 마태오 5장 13절에 나오는 유명한 말씀입니다. 신자를 소금에 비유하여 이 세상에 모범이 되는 삶을 살 줄 모르면 안된다는 교훈입니다.

이 가르침에 있어 한 가지 알아듣기 어려운 점이 있습니다. "소금이 짠맛을 잃는다"는 데가 그것입니다. 그런데 예수님 시대에는 실제로 소금기가 없는 소금이 있었습니다. 정제 기술이 미숙했기 때문에 거기 섞인 다른 광물 따위나 모래만이 남고 염분은 녹아서 다 빠져나간 '소금'이라는 것이 과연 있어서 아무짝에도 쓸데가 없었습니다.

욥기에는 "소금을 치지 않고 싱거운 것을 먹겠는가. 멀건 흰죽에 무슨 맛이 있겠는가"(6.6) 하는 말이 있고, 레위기에는 "너희가 드리는 곡식예물에는 반드시 소금을 쳐야 한다. 너희 하느님과 계약을 맺을 때 너희 곡식예물에 치는 소금이 들어가지 않으면 안된다. 너희가 바치는 모든 예물에 소금을 쳐야 한다"(2,13)고 하였습니다. 에제키엘서에도 "사제들은 번제물 위에 소금을 뿌려 야훼께 바쳐야 한다"(43,24)고 명하고 있습니다. 하느님 역시 소금기 없는 음식은 별로 입에 받지 않으셨던 모양입니다.

아울러 제물 위에 뿌리는 소금에는 하느님과 인간 사이에 맺는 계약의 의미도 있었습니다. 같은 상에 앉아 음식(맛, 소금)을 나누는 것은 서로가 하나로 이어짐을 뜻합니다.

말이 나온 김에, 로마 시대에는 병정에게 소금으로 보수를 지불했습니다. 그것을 '쌀라리움'(sal=salt=소금)이라고 일컬었습니다. 오늘날 우리네 말로도 월급쟁이를 '샐러리맨', 즉 '소금을 타는 사람'이라고 부르고 있습니다.

27 모퉁이의 머릿돌

우리네 목조건축은 우선 기초를 놓고 나서 집을 받칠 대들보를 세우지만 중동 아시아나 유럽에서는 보통으로 자연석이나 벽돌을 써서 집을 세워 나가는데, 건물의 네 귀퉁이에 놓는 모퉁이의 머릿돌이 집의 주된 버팀이 됩니다.

모퉁이의 머릿돌은 각진 모양을 한 돌로 골라 그 위에 양쪽으로 쌓아올릴 두 벽이 서로 떨어지지 않도록 합니다. 그 머릿돌에는 대체로 건물주의 이름이라든가 어떤 성인의 이름을 새겨 넣습니다. 최근에는 기공 연월일도 남기게 되었습니다.

앞서 '사막'의 장에서 카오스(혼돈)와 코스모스(질서있는 세계)의 의미에 대해 설명했습니다만, 건축에서도 마찬가지로 뿔뿔이 있던 건축 자재(카오스)를 하나로 모아 그 용도에 따라 쌓아 올려 살기 좋은 집(코스모스)을 만듭니다.

하느님께서도 마치 집을 짓듯이 이 세상을 지으셨다고 성서는 이야기하고 있습니다. "내가 땅의 기초를 놓을 때 너는 어디에 있었느냐. 그렇게 세상물정을 잘 알거든 말해 보아라. 누가 이 땅을 설계했느냐. 그 누가 줄을 치고 금을 그었느냐. 어디에 땅을 받치는 기둥이 박혀 있느냐. 그 누가 세상의 주춧돌을 놓았느냐"(욥기 38,4-6).

또 하느님께서는 이스라엘이라는 겨레를 세우실 때에도 같은 비유를 쓰십니다. "보아라, 내가 시온에 주춧돌을 놓는다. 값진 돌을 모퉁이에 놓아 기초를 튼튼히 잡으리니 이 돌을 의지하는 자는 마음 든든하리라"고 하십니다(이사 28,16).

이스라엘이 주변 민족에게 굴욕을 당했을 때에도 역시 "집짓는 자들이 버린 돌이 모퉁이의 머릿돌이 되었나니, 우리 눈에는 놀라운 일, 야훼께서 하신 일이다"(시편 118,22-23)라는 위로의 말씀을 듣습니다.

신약성서에 나오는 포도밭과 농부의 비유(마르 12,1-12)에는 '예수님 자신'도 앞의 시편 말씀을 인용하시면서 당신이 바로 이스라엘 백성에게 버림받은 모퉁이의 머릿돌이라고 말씀하십니다.

이스라엘이라는 나라는 돌이 많은 지층 위에 있어서 어디서든지 손쉽게 돌을 찾아 얻을 수가 있습니다. 집을 짓고자 한다면 우선 여기저기서 돌을 모아다가 그 쓸모에 따라 골라 소용없는 돌은 버립니다. 하지만 혹 다른 사람이 그 버린 돌이 자기에게는 소용이 있다고 하는 경우도 있습니다.

예수님은 이러한 풍토나 상황을 바탕으로 당신은 이스라엘 사람에게는 버려졌으나 하느님에 의해 새로운 이스라엘 교회의 머릿돌로 선택되셨다는 신비를 비유로 말씀하신 것입니다.

바오로 사도는 한층 더 구체적으로 에페소 신자들에게 보낸 편지에서 이렇게 이야기합니다. "여러분이 건물이라면 그리스도께서는 그 건물의 가장 요긴한 모퉁잇돌이 되시며 사도들과 예언자들은 그 건물의 기초가 됩니다. 온 건물은 이 모퉁잇돌을 중심으로 서로 연결되고 점점 커져서 주님의 거룩한 성전이 됩니다. 여러분도 이 모퉁잇돌을 중심으로 함께 세워져서 신령한 하느님의 집이 되는 것입니다"(2.20-22).

베드로 사도도 마찬가지로 "주님께로 가까이 오십시오. 그분은 살아 있는 돌입니다. 사람들에게는 버림을 받았지만 하느님께는 선택을 받은 귀한 돌입니다. 여러분도 신령한 집을 짓는 데 쓰일 산 돌이 되십시오. 그리고 거룩한 사제가 되어 하느님께서 기쁘게 받으실 만한 신령한 제사를 예수 그리스도를 통하여 드리십시오"(2.4-5) 하고 가르칩니다.

오늘날도 성당을 세울 때 우선 모퉁잇돌을 축별하여 새로운 교회의 토대로 삼습니다.

28 성령

성령이라고 하면 하도 추상적이어서 감이 잡히지 않는 개념인 것 같은 인상을 주지만 아주 옛날 사람들에게는 성령이 오히려 극히 친숙하고 구체적인 존재였습니다.

히브리 말로는 성령을 '루아흐'ruach라고 하여, 움직이는 공기, 즉 바람을 의미했습니다. 고대인들은 바람을 신의 숨이라고 생각했습니다. 이 바람이 때로는 폭풍이 되어 무엇이든 다 휩쓸어 버리는가 하면 한더위에 허덕이는 사람에게는 선선하게 불어 숨을 돌릴 수 있게도 합니다.

그래서 바람은 신의 노여움 또는 신의 너그러운 마음씀을 둘 다 드러내는 것으로 여겼습니다. 성령강림에 있어 성령이 바람의 형태로 표현되는 것도 이 때문입니다. 사도행전에 "갑자기 하늘에서 세찬 바람이 부는 듯한 소리가 들려 오더니 그들이 앉아 있던 온 집안을 가득 채웠다"(2.2)고 되어 있고, 요한 복음에는 "바람은 제가 불고 싶은 대로 분다. 너는 그 소리를 듣고도 어디서 불어 와서 어디로 가는지를 모른다. 성령으로 난 사람은 누구든지 이와 마찬가지다"(3.8)라 하였습니다.

하느님의 숨은 우리들에게 생명을 불어넣습니다. 창세기에 "주 하느님께서 흙(아담)의 먼지로 사람(아담)을 빚으시고 그 코에 생명의 숨을 불어넣으시니 사람이 생명체가 되었다"(2.7)고 하였고, 시편에는 "당신이 얼굴을 감추시면 그들은 소스라치고 당신이 그들의 숨을 거두시면 그들은 죽어 먼지로 돌아가나이다"(104.29)라고 노래하고 있습니다.

이처럼 히브리 말의 '루아흐'와 그리스 말의 '프네우마' pneuma와 영어의 '스피릿' spirit 등은 모두 의성어로서 입에서 공기를 불어 내는 소리를 닮은 시늉말들입니다. 현재 우리가 쓰고 있는 성령이라는 말은 아무래도 추상적이어서 그다지 구체적이지 못합니다.

'하느님의 숨'이라고 하면 만물에 생명을 불어넣는 하느님의 힘이고 이것이야말로 앞서 인용한 시편 말씀 그대로 숨을 거두시면 숨지게 하는 힘을 나타냅니다. 그리고 때로는 '영감'inspiration(= 숨 불어넣기)을 내려주시기도 합니다. 인간은 물 속에 사는 고기처럼 아침부터 밤까지 성령에 감싸여 그 안에서 살고 있는 것입니다.

다신교에서는 만물 안에 영 또는 신이 깃들어 있다고 가르칩니다. 그리스도교에서도 만물 안에 하느님의 영이 머무르신다고 믿고 있습니다. 이것을 전문용어로는 '신의 내재內在'라고 합니다.

과학시대에 살고 있는 우리들은 만사를 과학적으로 보아 예컨대 공기란 움직이고 있는 분자일 뿐이라고 생각해 버리기 쉽지만 그것은 어디까지나 표면적인 사실에 불과합니다. 신앙을 가진 사람들은 모든 사물에 그보다 더 신비적인 깊은 의미가 있음을 알고 있습니다.

아침부터 밤까지 하느님의 숨이신 성령께서 우리를 감싸고 계심을 더 깊이 실감해야겠습니다. 불안한 일로 가득한 이 세상에서 하느님 영의 수호를 받으며 살아나가고 있다는 느낌은 얼마나 마음 든든한 일이겠습니까.

29 동산(정원)

농경문화가 시작하기 전에는 인류가 숲속에 살면서 과일처럼 먹을 수 있는 것을 따라 다니며 살았습니다. 이것이 이른바 채집·수렵 시대입니다. 이 구석기시대의 사람들은 완전히 자연 안에서 지냈습니다. 숲속에는 악령이라든가 무서운 짐승이 가득 있어서 사람들은 안전한 동굴을 찾아 집으로 삼았습니다.

언제부터인가 사람들은 채집생활에서 농경생활로 차츰 옮아가면서 숲에서 밖으로 나왔습니다. 토지의 둘레를 울타리로 에우고 그 울타리 안에 나무나 푸성귀를 심어 가꾸면서 살게 되었습니다. 이때부터 인류는 자연을 지배하고 이용하기 시작하였습니다.

그렇게 농민이 된 이들에게도 종전의 숲은 여전히 악령과 짐승이 사는 무서운 곳이었습니다. 이러한 배경을 염두에 두고 정원이라는 것을 생각해 보지 않으면 안됩니다. 울타리로 에운 정원은 숲의 위험에서 자기들을 지켜주는, 안심과 안정, 평온과 행복을 주는 곳이 되어 갔습니다. 정원 안은 악령이 아닌, 자기들을 수호하는 제신도 함께 사는 곳으로 생각했습니다.

그리스인들은 이러한 의미의 정원을 '낙원' paradeisos이라고 불렀습니다. 그 어원은 페르샤 말로 '에워싼 땅'이었다고 합니다. 정원은 점점 아름다워져 예술의 경지로까지 승화되어 갔습니다. 바빌로니아의 공중정원 등이 특히 유명합니다.

성서에서는 에덴 동산이 잘 알려져 있습니다. 창세기에 "에덴이라는 곳에 동산을 마련하신 하느님께서는 그 동산 한가운데에 생명나무와 선악을 알게 하는 나무를 돋아나게 하셨다"(2.8-9)고 한 저 동산은 실재가 아니라 '하느님께서 인류에게 약속하신 행복의 상징'입니다.

에덴 동산이 동쪽에 있다는 것은 아침해가 뜨기 시작하는 방향이기 때문입니다. 이와 흥미로운 대조를 이루는 것은 불교의 정토淨土인데 서쪽에 있다고 합니다. 해가 지는 서쪽이, 에집트인도 그렇게 여겼듯이, 죽은 이를 쉬게 하는 데

어울리기 때문이겠지요. 애당초 불교가 우리에게는 서쪽으로부터 전해온 연유도 아마 있겠지요.

에덴 동산은 인간이 일구고 지키지 않으면 안되는 동산입니다. 즉, 하느님께서 카오스(혼돈)로부터 코스모스(질서있는 세계)를 창조하시듯이 인간도 하느님과 더불어 공동 창조자로서 동산의 질서를 지키면서 이 세상이 완성에 이를 때까지 힘써 나아가야 하는 존재입니다. 이러한 뜻에서 인간은 모든 피조물의 지배자가 된 것입니다.

다만 지배자라 하더라도 실은 관리자에 불과한 존재이지 결코 창조주가 된 것은 아닌 터입니다. 이를 상징하는 것이 에덴 동산에 있는 선악을 알게 하는 나무입니다. "선과 악을 알게 하는 나무 열매만은 따먹지 말아라. 그것을 따먹는 날, 너는 반드시 죽는다"(창세 2.17)고 하신 주 하느님의 명령의 뜻은 인간이 제멋대로 선과 악을 결정할 수는 없고 선악을 결정할 수 있는 분은 어디까지나 하느님뿐이심을 말해줍니다.

유감스럽게도 인간은 하느님 규정을 어기고 선악의 나무 열매를 먹어버렸습니다. 그럼에도 불구하고 에덴 동산에서 쫓겨난 인간을 하느님께서는 버리지 않으셨습니다. 이 세상을 훌륭한 에덴 동산으로 되돌리는 구원사업은 지금도 계속되고 있습니다. 그 정점이 예수 그리스도의 죽음과 부활입니다.

요한 복음 18장 1절에 보면 예수님께서는 돌아가시기 전에 게쎄마니 동산에서 밤을 지새우시면서 거기서 십자가의 운명을 면하였으면 하는 유혹을 받으셨습니다. 아담과는 대조적으로 예수님은 이 유혹을 물리치고 자신을 아버지의 뜻에 맡기셨습니다.

요한 복음 19장 41절에 의하면 예수님의 시신은 십자가 근처의 동산으로 옮겨져 아리마태아 사람 요셉과 니고데모에 의해 묻히셨습니다. 예수님께서 부활하신 곳도 동산이었습니다. 막달라 마리아는 무덤 밖에서 울면서 부활하신 예수님을 동산지기로 잘못 알고 "그분을 어디에다 모셨는지 알려주세요"(요한 20.15) 하며 찾았습니다.

요한은 여기서 그 오묘한 의미를 내비치고 있습니다. 인간은 에덴 동산에서 쫓겨났으나 부활하신 예수님은 새 아담으로서 다시금 에덴 동산으로 되돌아오셨다는 것입니다. 막달라 마리아는 예수님을 동산지기로 잘못 안 것이 아닙니다. 예수님은 진정한 의미로 에덴 동산의 동산지기가 되신 것입니다.

요한 묵시록에 나오는 "천사는 또 수정같이 빛나는 생명수의 강을 나에게 보여주었습니다. 그 강은 하느님과 어린 양의 옥좌로부터 나와 그 도성의 넓은 거리 한가운데를 흐르고 있었습니다. 강 양쪽에는 열두 가지 열매를 맺는 생명나무가 있어서 달마다 열매를 맺고 그 나뭇잎은 만국 백성을 치료하는 약이 됩니다"(22.1-2) 한 예언 말씀은 에덴 동산의 회복, 즉 인간이 다시 생명나무의 열매를 먹을 수 있게 되는 '세상의 완성'을 나타내 줍니다.

이야기를 현대로 옮기겠습니다. 인류는 채집문화에서 농경문화로 접어든 시대로부터 자연을 마음대로 쓰는 법을 알게 되었습니다. 인간은 마치 자기가 자연의 주인인 양 행세하면서 자연에 오염을 남기고 있습니다. 우리는 자연의 선물을 남용할 것이 아니라 이 대자연을 존중하는 일이야말로 에덴 동산의 회복, 즉 구원의 완성에 이어짐을 알아야겠습니다.

30 타우

'타우'는 히브리 말 알파벳의 마지막 글자입니다. 그리스 말의 '오메가'와 마찬가지로 '끝'이라는 의미입니다.

히브리 말을 잘 아시는 분들은 오늘날 쓰고 있는 '타우' 자의 모양(ת)이 예전의 그것과 달라졌음을 아실 것입니다. 고대 히브리 말의 타우는 T의 형태로 쓰였습니다. 영어의 대문자 T와 똑같습니다.

이제 에제키엘 9장 4-6절을 인용해 봅시다. "너는 예루살렘 시내를 돌아다니며, 그 안에서 일어나는 모든 발칙한 짓을 역겨워하여 탄식하며 우는 사람들의 이마에 도장(히브리 말로 '타우')을 찍어 주어라.' 그리고 나머지 사람들에게는 내가 듣는 데서 이렇게 이르셨다. '너희는 저 사람 뒤를 따라 도시 안을 돌아다니며 마구 쳐라. 가엾게 여기지도 말고 불쌍히 보지도 말아라. 노인도, 장정도, 처녀도, 어린이도, 부인도 죽여 없애라. 그러나 이마에 도장이 찍힌 사람은 건드리지 말아라.'"

그리고 요한 묵시록에는 타우라고 씌어 있지는 않지만, "(천사는) 이렇게 말하였다. '우리가 하느님의 종들의 이마에 이 도장을 찍을 때까지는 땅이나 바다나 나무들을 해치지 말아라'"(7.3)라는 표현이 보입니다. 이 날인도 분명히 타우입니다.

성서에 나오는 타우(T)는 십자가와 아무런 관계가 없지만 우연히 십자가의 모양을 하고 있어서 교부시대로부터 타우는 '십자가의 상징'으로 쓰여 왔습니다.

십자가는 로마인들이 사형에 처하는 방법으로서 처형장에 십자가의 세로 선 나무는 늘 붙박이로 세워져 있었습니다. 그러니까 사형수인 예수님도 십자가에 가로지를 나무를 이고 언덕을 오르신 것이 됩니다.

사형장에 당도하면 우선 그 가로지를 나무에 사형수의 양손을 못박은 채 그대로 밧줄로 달아올려 이미 세로 서 있던 기둥에 밧줄로 매어 고정시켰을 것입니다.

지금의 십자가에는 그 모습이 안 보이지만 세로 선 기둥 중간쯤에는 걸터앉는 일종의 턱이 있었다고 봅니다. 가로지른 나무에 못박힌 사형수의 손이 찢어지지 않도록 사형수는 그 턱에 걸터앉아야 했습니다. 물론 발도 못박혔지만 아마 기둥 양옆쪽에 못박았을 것으로 짐작됩니다.

이처럼 십자가의 형태는 역시 타우 모양이었을 것입니다. 그런 의미로는 앞서 인용한 묵시록이 말한 "하느님의 종들의 이마에 이 도장을 찍을 때까지"(7,3)라는 대목의 도장은 타우의 뜻으로 요한이 썼을 것으로 봅니다.

여담입니다만, 작은 형제회(프란치스코회)에서는 지금도 타우(T) 자를 십자가의 상징으로 쓰고 있습니다.

31 피

우리나라 사람들에게 피는 '비린내나는' 또는 '끔찍한' 무엇을 연상시키는 낱말입니다. 그러나 성서의 배경은 목축을 생업으로 하는 세상이어서 짐승을 잡는 일이 어떤 의미로는 일상 다반사였습니다. 그들에게 양이나 다른 가축의 고기는 없어서는 안될 소중한 식품이었습니다.

거기에다가 예로부터 '피는 곧 생명'이라는 생각이 늘 있었습니다. 피를 흘리면 생명체가 죽기 때문에 피야말로 생명의 원천이라고 생각했습니다. 더 나아가서 생명은 하느님께로부터 받은 은혜이므로 성서의 세계에서는 피가 특별히 하느님께 속하는 것으로 여겼습니다.

희생제물을 바칠 때 그 고기는 먹어도 되지만 피는 제단 위에 흘렸습니다. 제단은 하느님 현존의 상징인만큼 피를, 즉 생명을 제단 위에서 하느님께 되돌려드리는 뜻에서였습니다. 피는 절대로 마셔서는 안되었습니다.

이 점을 생각해 보면 요한 복음에 나오는 "내 살을 먹고 내 피를 마시는 사람은 내 안에서 살고 나도 그 안에서 산다"(6.56)는 말씀이 유대인으로서는 정말 알아듣기 어려웠을 것입니다.

여하간 피는 하느님의 것이었으므로 피를 흘리는 일은 하느님께 생명을 되돌려드린다는 의미를 지녔었습니다.

예수님은 '구속주'라고 불리고 계시는데 여기서 '구속' 救贖 이 무엇인가에 관하여 설명해 볼까 합니다.

우리는 모든 것을 하느님으로부터 받고 있습니다. 특히 생명이 그렇습니다. 생명을 하느님께 되돌려드린다 함은 우리들 인간으로서 하느님께 대한 가장 합당한 감사와 보은의 표현입니다. 모든 것을 하느님에게서 받아 모든 것을 하느님께 돌려드리는 것이 됩니다.

우리들 인간끼리도 그런 관습이 있습니다. 은혜를 '갚는다'는 것이 바로 그런 것입니다. 당연한 일입니다만 인간이 자기 생명을 스스로 하느님께 되돌려드릴 수는 없습니다. 그래서 고대로부터 다른 것을 써서 상징적으로 하느님께 갚

아드리곤 했습니다.

우리 같은 농경문화에서는 쌀, 술, 과일 등을 드렸고, 목축문화에서는 짐승을 바쳤습니다. 특히 동물의 피는 생명 그 자체였기 때문에 가장 합당한 갚음이 되었습니다. 피흘림으로써 갚은 셈입니다.

인간은 언제나 죄를 짓기 때문에 그만큼 하느님께 대한 빚과 보은의 책무가 쌓여 갑니다. 옛날 사람들은 희생을 통해, 즉 동물의 피를 흘림으로써, 그 빚을 갚았습니다. 이것이 바로 '구속'이라는 것입니다.

구약시대에는 특히 어린양의 희생이 그러했지만 신약시대에는 하느님의 어린양이신 예수 그리스도께서 몸소 피를 흘리심으로써 하느님께 대한 우리들의 모든 빚을 구속(대속)해 주셨습니다.

성서에서 피라는 말을 읽을 때, 피비린내는 그만 잊고, 상징으로서의 그 심오한 의미를 생각했으면 합니다.

32 지팡이, 홀

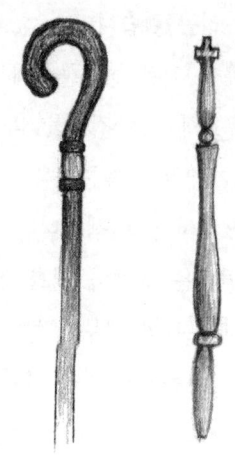

지팡이와 홀笏은 둘 다 나무와 상관이 있습니다. "하느님께서 말씀하셨다. '이제 내가 너희에게 온 땅 위에서 낟알을 내는 풀과 씨가 든 과일나무를 준다. 너희는 이것을 양식으로 삼아라'"(창세 1.29). 또 이어 "야훼 하느님께서는 보기 좋고 맛있는 열매를 맺는 온갖 나무를 그 땅에서 돋아나게 하셨다"(2.9)고 하였습니다. 분명 어느 문화에서나 나무는 생명의 상징으로 되어 있습니다.

우리 시골에 거의 마을마다 당나무를 모시고 있듯이 유럽에서는 전나무가 특히 신령한 나무로 여겨져 왔습니다. 저의 고국인 벨기에에서는 사거리에 그러한 뜻의 나무가 서 있습니다. 본래는 신령한 나무로 통하던 것이 이제는 그리스도교화되어 그 나뭇가지에 십자가를 달고 있습니다. 이것은 유럽에서의 그리스도교 토착화의 한 예라 하겠습니다.

사람은 나무에서 가지를 잘라 그것으로 지팡이 또는 홀을 만들어 쓰면 그 나무의 영검을 얻는다고 믿었던가봅니다. 마법의 지팡이가 그 흥미로운 예의 하나이겠습니다. 지팡이로 돌을 두드리면 금으로 변한다는 요술 같은 옛이야기도 전해옵니다.

성서에도 이런 의미의 지팡이가 곧잘 등장합니다. 탈출기에 보면 하느님께서 모세에게 "너는 이 지팡이를 손에 잡고 가거라. 이것으로 증거를 보여주어라"(4.17) 하고 명하시자 모세는 그 지팡이를 가지고 에집트 왕 앞에서 온갖 기적을 행합니다. 같은 탈출기 7장 17-21절에는 나일 강의 수면을 지팡이로 쳤더니 물이 피로 변했다고 씌어 있고, 9장 22-25절에는 하늘을 향해 지팡이를 쳐들었더니 에집트 땅 전체에 우박이 쏟아졌다고 하였습니다.

민수기 17장 17-26에도 아론의 지팡이에서 꽃이 피어 편도扁桃(아먼드)가 열리더라는 이야기가 있고, 20장 6-11절에는 모세의 지팡이로 바위에서 물이 솟아나오게 한 이야기가 적혀 있습니다.

홀

본래 모든 임금은 살아 있는 신의 대표자로 여겨졌습니다. 임금이 신의 힘을 실제로 쥐고 있음을 구체적으로 드러내는 것이 바로 손에 든 홀입니다. 이렇듯 홀은 '왕의 권위의 표시'가 되었습니다.

지팡이

성서에서는 지팡이가 '나그네의 표시'였습니다. 길을 나서면 온갖 위험에 노출되므로 지팡이로 맹수나 적이나 도둑으로부터 자기 몸을 지키지 않으면 안됩니다. 그뿐 아니라 지팡이는 길을 걷는 자기 다리에도 힘이 되어줍니다(탈출 12.11). 마르코 6장 8절에는 "여행하는 데 지팡이 외에는 아무것도 지니지 말라"고 하였습니다. 이것은 지팡이야말로 하느님의 힘이라는, 선교길에 나서는 제자들에게 오직 하느님께만 의지하라고 예수께서 타이르신 말씀입니다.

뿐더러 지팡이가 목자에게는 소중한 도구이기도 하였습니다. 지팡이는 양을 늑대 따위로부터 지켜줌과 동시에 도망가는 양의 뒷다리를 잡아 걸어 무리에 도로 끌어들이는 구실을 했습니다. 그래서 지팡이는 그 맨 윗부분이 구부러져 있습니다. 영어로 '크룩'crook이라 하여 갈고리를 가리키는 말이 있는데 여기서 양치기나 주교가 짚는 꼭대기가 구부러진 이른바 '목장'牧杖이라는 말이 파생하였습니다.

성서에서는 하느님과 그리스도가 착한 목자로 불립니다. 그래서 성화에 그려진 착한 목자는 손에 지팡이를 짚고 있습니다. 시편은 "나 비록 음산한 죽음의 골짜기를 지날지라도 내 곁에 주님 계시오니 무서울 것 없어라. 막대기와 지팡이로 인도하시니 걱정할 것 없어라"(23.4) 하며 지팡이의 의미를 아름답게 표현해 놓았습니다.

* * *

홀과 지팡이가 나무의 영검과 상관 있다는 것은 잊혀진 채 어느덧 홀도 목장도 황금으로 만들기에 이르렀습니다. 그 권위가 얼마나 위대한지를 강조하고 싶었던 게지요.

여담입니다만, 최근 들어 주교가 지팡이를 잘 쓰지 않는 것을 봅니다. 주교의 관은 여전히 쓰고 있는데 이 '미트라' mitra는 본래 로마 제국 총독의 모자 모양을 본뜬 것으로 실은 세속적인 권위의 상징인 터였습니다. 그렇다면 주교는 권위를 나타내는 관보다 오히려 목자를 나타내는 지팡이를 쓰는 편이 더 온당하지 않을까 생각해 봅니다. 주교의 지팡이가 나무로 바꾸어 가는 추세는 그래서 반갑습니다.

33 천사

사은찬미가 Te Deum(가톨릭 기도서 88쪽) 1절에 "케루빔과 세라핌이 끊임없이 목청을 높이어 노래부르오니"라는 구절이 나옵니다. 이들 케루빔과 세라핌이란 도대체 어떤 존재들일까요. 이제 설명드려 보겠습니다.

조금 까다로운 학문적 서론이 되겠습니다만, 이슬람 신도들은 "코란이란 천사 가브리엘이 예언자 마호멧에게 입으로 전해준 것"이라고 굳게 믿고 있습니다. 이와는 달리 그리스도교 신자들은 "성서란 하느님 말씀으로서 하느님의 감도를 받은 많은 사람의 손으로 씌어진 것"이라고 생각하고 있습니다. 성서가 단번에 씌어진 한 권의 책이 아니라 자그마치 천 년이라는 기나긴 세월에 걸쳐 형성된 것임을 오늘날 우리는 알고 있습니다.

그렇기 때문에 성서에는 이스라엘 사람들의 문화는 말할 것도 없고 여기저기 주변 민족문화의 영향도 그 안에 보입니다. 천사 케루빔과 세라핌 역시 페르샤와 바빌로니아의 천사신학 영향을 짙게 받은 결과입니다.

아시는 바와같이 기원전 600년 즈음에 유대인들은 강제로 바빌로니아에 끌려갔습니다. 이른바 바빌론에 포로로 잡혀가 거기서 약 70년 동안 지낸 경험이 당시 페르샤와 바빌로니아에서 매우 성행하던 천사신학의 영향을 성서에도 끼치게 했습니다.

여기 한 가지 주의해야 할 것이 있습니다. 주변 문화에서 얻은 사상인 이상 이런 천사신학은 하느님 말씀일 수 없다는 결론을 굳이 내릴 수 있는 것이 아니라는 점입니다. 그러나 오늘날 가톨릭 신학자 중에는 다른 문화의 영향이라고 하여 천사의 존재를 부정하는 이들도 있습니다. 저는 신학자가 아니므로 이에 대하여 시비할 처지는 아니지만 오랫동안 천사들의 존재에 대해 교회가 지녀온 믿음의 역할을 지금도 소중히 여기고 싶습니다.

* * *

서론이 길었습니다.

 케루빔과 세라핌은 사실 바빌로니아 종교에서 유래했습니다. '케루빔'Cherubim과 '세라핌'Seraphim이라는 낱말 끝의 '임'-im이라는 소리는 히브리 말로 남성의 복수를 나타냅니다. 단수라면 그냥 '거룹'과 '세랍'이 됩니다.

 우선 케루빔의 뜻을 보기로 합니다. 그 모습은 날개가 돋친 동물로 생각했습니다. 열왕기 상권 6장 23-28절에 그 모습이 자세히 묘사되어 있습니다. 바빌로니아에서는 대부분의 신들을 동물의 모습, 특히 황소의 모습으로 만들어 섬겼는데 케루빔 역시 날개가 돋친 황소 같은 것이 아니었을까 합니다. 예루살렘 성전의 지성소 안에는 한 쌍의 케루빔이 있어 날개 하나는 벽을 향해 바깥쪽으로 또 한 날개는 서로 맞닿도록 가운데로 각각 펼치고 있었습니다. 결약의 궤가 모셔져 있던 곳은 바로 그 날개 아래였습니다.

 결약의 궤는 이스라엘 사람들이 에집트를 탈출하여 시나이 반도를 헤매던 동안 줄곧 하느님과 함께 있음을 구체적으로 드러내 주었습니다. 이 궤 안에는 하느님께서 모세에게 맡기신 십계명의 석판과 만나 그리고 대사제 아론의 홀이 들어 있었습니다. 케루빔은 이러한 하느님의 궤를 지키고 있었던 것입니다.

케루빔은 성서에 여기저기 나오지만 그중에도 가장 중요한 대목은 에제키엘 1장 4절입니다. 포로들 가운데 살던 에제키엘이 당신 모습을 보이신 하느님을 뵙는 장면으로서 하늘에 나타난 네 생물은 케루빔을 드러낸 것이 아니었을까 생각합니다. 이 대목을 그린 성화도 더러 있습니다.

결국 케루빔이란 실제로 존재하던 천사라기보다 '하느님의 거룩하심과 그 위엄과 위대하심'을 구체적으로 표현한 것으로 여깁니다.

다음은 세라핌인데, 성서에는 단 한 곳 이사야서 6장 2-7절에 이사야 자신이 부르심을 받는 대목에서만 나옵니다.

거룹의 어원은 분명치 않으나 세랍의 어원은 '불타다'라는 뜻입니다. 그러기에 이사야 6장 6-7절에 세라핌 중 하나가 제단에서 집게로 숯을 가져다가 이사야의 입에 댑니다. 그러면서 "보아라. 이제 너의 입술에 이것이 닿았으니 너의 악은 가시고 너의 죄는 사라졌다"고 말합니다.

세라핌도 케루빔과 마찬가지로 하느님의 위대하심을 나타내는 상징적인 존재이지만 그밖에도 우리들의 불순한 데를 태워 정화하는 역할을 합니다. 하느님의 성스러움 앞에서는 너무나 더러운 인간을 정화해 주는 것이 세라핌의 역할이기도 합니다.

* * *

천사신학은 그 이후 그리스도교 안에서 발전하였습니다. 마침내 천사들은 대천사, 천사, 케루빔, 세라핌 등 아홉 무리로 나뉜다는 설이 나왔습니다.

희한하게도 중세 무렵부터는 성화에 케루빔을 포동포동한 동자로 그리기 시작하였습니다. 중세 이래 그림에 곧잘 보이는 일곱 살 가량의 날개 돋친 동자천사는 케루빔입니다.

결국 케루빔과 세라핌은 상징적인 존재임을 인정함과 동시에 하느님과 인간 사이에는 천사 같은 어떤 존재도 있다는 것을 시사하는 것으로 보입니다.

예수님께서는 제자들에게 이렇게 가르치십니다. "너희는 이 보잘것없는 사람들 가운데 누구 하나라도 업신여기는 일이 없도록 조심하여라. 하늘에 있는 그들의 천사들이 하늘에 계신 내 아버지를 항상 모시고 있다는 것을 알아두어라"(마태 18.10) 하시며 수호천사의 존재도 암시하고 계십니다.

사은찬미가의 노래말대로 우리도 케루빔과 세라핌과 어울려 한 목소리로 하느님의 영광을 찬양합시다.

34 동방박사들의 예물

황금

옛날에는 거의 모든 나라에서 태양이 최고의 신이었습니다. 일본도 태양신(天照大神)을 섬겼습니다. 태양과 황금은 서로 깊은 관계가 있습니다. 찬연히 빛날 뿐만 아니라 희귀하고 녹슬지도 않고 썩지도 않아 어느 나라에서든지 금은 곧 신의 색으로 여겨졌습니다.

불교에서는 금색을 불사(不死)의 색으로 보아 불상을 금동으로 만들거나 목각불상이라도 금박으로 입혔습니다. 탈출기 25장에는 모세가 시나이 산에서 받은 장막 건립에 관한 하느님의 지시가 세세히 적혀 있는데, 결약의 궤와 그 위의 속죄판, 그리고 양편의 케루빔 등이 모두 순금으로 빛났다고 합니다. 요한 묵시록에는 "성벽은 벽옥으로 쌓았고 도성은 온통 맑은 수정 같은 순금으로 되어 있었다"(21,18)고 하였습니다.

자고로 임금은 태양신의 후손이라고 생각해 왔습니다.

이렇다 보니 황금은 '임금의 상징'이 되어 동방박사들은 갓 태어나신 왕 예수 그리스도께 황금의 선물을 바쳤던 것입니다.

동방교회의 성화icon에도 하느님의 빛은 금색으로 되어 있습니다. 마찬가지로 전례에서는 제의, 성작 등에도 금을 쓰고 있습니다.

유향乳香

어느 문화권에서나 종교행사에는 향을 쓰는 관행이 있습니다. 향은 여러 가지 나무의 수지로 만들어져 이를 태우면 좋은 향기가 나고 연기가 피어오릅니다. "야훼께서 모세에게 이르셨다. '향료 자료를 구하여라. 때죽나무와 향조껍질과 풍지향 등 향료 자료를 구하여 순수한 향과 같은 분량으로 하여 순수하고 거룩한 가루향을 만들어라. … 이 향은 가장 거룩한 것으로 다루어야 한다. 너는 향을 사사로이 쓰려고 같은 배합법으로 만들어서는 안된다. 이것은 네가 야훼를 섬기는 데 쓰는 거룩한 것인 줄 알아야 한다. 냄새를 즐기려고 이것을 만드는 자는 족보에서 제명당할 줄 알아라'" 하고 탈출기는 말합니다(30,34-38).

향을 피운다는 것은 곧 하느님을 찬양하는 것입니다. "유향처럼 감미로운 향기를 뿜고 백합처럼 꽃피어 향내를 풍기어라. 찬미의 노래로 주님을 찬송하고 그분의 위대한 업적을 찬양하여라"(집회 39,14). 향의 연기가 위로 피어오르듯 우리들의 기도도 하느님 앞으로 올라갑니다.

지금도 교회에서는 향을 피워 하느님을 찬미하고 있지만 최근 전례에서 향을 쓰는 일이 줄어들고 있는 것은 유감입니다. 자칫하면 잊어버리기 쉬운데, 본래 전례는 우리가 보고 듣고 맡는 등 오관에 와닿아야 하는 터입니다.

향은 하느님께 직접 바치는 표시이지만 하느님과 깊은 관련이 있는 것인 성체, 제대, 제물, 사제 및 하느님의 성전인 신자들에게도 분향합니다.

우리는 돌아가신 분에게 향을 올리는데 옛날부터 그리스도교에서도 장례 때 돌아가신 분의 시신에 분향을 해왔습니다. 신자의 시신은 하느님의 성전이라고 보았기 때문입니다. 그의 명복을 비는 우리들의 기도는 향의 연기와 더불어 하느님 대전에까지 이릅니다.

우리들은 '기도와 찬미'의 상징인 향이 전례에 더 많이 쓰였으면 합니다.

동방박사들은 하느님의 아드님이신 그리스도께 기도와 찬미를 바치는 마음으로 유향을 예물로 드렸습니다.

몰약 沒藥

몰약은 '미라' myrrha라고도 하는데 아프리카나 아라비아의 감람과 나무에서 채취한 수지(발삼, balsam)입니다. 향기와 쓴맛이 있어 옛날부터 향료 또는 의약으로도 쓰이고 아울러 시체의 방부제로도 쓰여 왔습니다. 우리가 오늘 '미이라'라고 하는 낱말은 고대 에집트에서 시체를 보존하기 위해 '미라'(몰약)를 쓴 데에서 유래합니다. 그리스와 로마 사람들은 몰약을 주로 의약으로 썼습니다.

구약시대에는 사제나 왕에게 부어주는 기름에 몰약을 넣었습니다. "너는 제일 좋은 향료를 이렇게 구해 들여라. 나무에서 나와 엉긴 몰약을 오백 세켈, … 이런 것들을 향 제조공이 하듯이 잘 섞어서 성별聖別하는 기름을 만들어라. 이것이 성별하는 기름이다"(30,23-25) 하고 탈출기에 규정하였습니다.

당시의 여성은 몰약을 작은 주머니에 담아 만든 '향수 펜던트'를 차고 다녔던지, "밤새도록 가슴에 품은 유향 주머니 같은 내 사랑"이라고 아가의 여인은 노래합니다(1,13).

몰약은 또한 '메시아와 왕의 특별한 향기'로 통했습니다. 시편은 "몰약과 침향과 육계 향기로 당신 옷들이 향내를 피우고 상아궁에서 들리는 거문고 소리도 흥겹습니다. 당신의 사랑을 받는 여인들 중에는 외국의 공주들이 끼어 있고, 오빌의 황금으로 단장한 왕후는 당신 오른편에 서 있습니다"(45,8-9) 하고 읊었습니다. 그래서 동방박사들은 갓 태어나신 메시아께 드릴 선물로 이 몰약을 택했던 것입니다.

몰약은 마취제로도 쓰여 병사들은 십자가에 달리신 예수께 몰약을 탄 포도주를 마시게 하려 했습니다. 그러나 예수님은 그것을 받아들이지 않으셨습니다(마르 15,23).

몰약은 시체에도 쓰였습니다. "언젠가 밤에 예수를 찾아왔던 니고데모도 침향을 섞은 몰약을 백근 쯤 가지고 왔다. 이 두 사람은 예수의 시체를 모셔다가 유다인들의 장례 풍속대로 향료를 바르고 고운 베로 감았다"(요한 19,39-40)고 하였습니다.

현재의 성향유는 올리브 기름에 몰약을 탄 것입니다. 주교, 사제, 견진자, 영세자에게 성향유를 바르는 것은 몰약의 좋은 향기가 기분을 좋게 해주듯이 성향유를 받은 이들이 주변 사람들에게 사랑의 향기를 풍겨주기를 기원하는 뜻에서입니다.

초대교회에서는 견진 예식 때에 성당 전체가 성향유의 향기로 가득했다는 기록이 있습니다. 해마다 성 목요일이면 주교는 성향유를 축별하기 위하여 올리브 기름에 몰약을 탑니다만, 몰약이 어찌나 귀한지 조금밖에 넣지를 못합니다. 그래서 오늘날의 견진 예식에서는 좋은 향기가 그다지 나지 않습니다.

35 이름

"나는 야훼(곧 있는 그)다"

라틴어에는 재미있는 말이 있습니다. Nomen est omen. Nomen＝이름, est＝이다, omen＝징조. 다시 말해 이름이라는 것은 그 사람의 '독자성과 특별한 힘'을 드러내는 경우가 많아서 그 이름을 알면 어느 만큼은 그 사람을 알 수 있다는 것입니다. 그렇게 알게 되면 그 사람과 좋은 관계를 맺을 수도 있고 아니면 그 사람을 조종할 수도 있습니다. 처음 만나는 사람에게 명함을 내놓는 것은 이런 뜻의 자기소개라고도 할 수 있습니다.

탈출기 3장 13-15절에 좋은 예가 하나 나옵니다. 하느님께서는 모세에게 에집트에서 혹사당하고 있는 이스라엘 사람들을 데려 내오라고 명하십니다. 모세가 "제가 이스라엘 백성에게 가서 '너희 조상들의 하느님께서 나를 너희에게 보내셨다' 하고 말하면 그들이 '그 하느님의 이름이 무엇이냐' 하고 물을 터인데 제가 어떻게 대답해야 하겠습니까" 하자, 하느님께서는 모세에게 "나는 야훼(곧 있는 그)다" 하고 가르쳐 주셨고 모세는 하느님의 이 이름으로 자기 사명을 다했습니다.

어느 나라에서든 제 자식에게 이름을 지어줄 때 어버이는 그 자식의 더 나은 미래를 기원하는 마음이 있습니다. '순純'이라는 이름을 붙여주었다면 '이 아이가 순수하기를' 희망하는 뜻이 거기 담겨 있습니다.

옛날 중국에서는 갓 태어난 아이에게 일부러 궂은 이름을 붙였다고 합니다. 우리들에게도 이와 비슷한 풍습이 최근까지 있었습니다. 궂은 이름을 붙이면 그 아이를 악령들이 싫어하여 질병 같은 것을 면할 수 있다고 믿었기 때문에 무사히 자라난 다음에야 제대로 된 이름을 붙여주었습니다.

성서에는 어떤 사람에게 새로운 사명을 부여할 때 그 사람의 이름을 바꾸어 주는 경우가 가끔 있었습니다. 구약성서에서 두드러진 예를 하나 들자면, '아브라함'의 본래 이름은 '아브람'이었습니다. 이는 '아브=아비', '라함=많은'이라는 뜻으로, 하느님께서 아브람에게 나타나시어 "내가 너를 많은 민족의 조상으로 삼으리니, 네 이름은 이제 아브람이 아니라 아브라함이라 불리리라"(창세 17,5)고 하셨기 때문입니다. 즉, 아브라함은 많은 민족의 조상이 되어 그 손이 점점 번성하리라고 하느님께서 점지해 주신 것입니다.

또 하나의 커다란 예는 예수님 자신입니다. 대천사 가브리엘이 나자렛 마을의 마리아를 찾아와서 "이제 아기를 가져 아들을 낳을 터이니 이름을 예수라 하여라. 그 아기는 위대한 분이 되어 지극히 높으신 하느님의 아들이라 불릴 것이다"(루가 1,31-32) 하고 고합니다. 그리스 말로 발음하면 '예수스'이지만 히브리 말로는 '요슈아'[요=야훼, 슈아=구(救)하다]가 되어, '야훼께서 구하신다'는 뜻의 이 이름은 예수님의 사명을 잘 드러내 줍니다.

어느 나라에서나 살다가 새 이름으로 바꾸는 일은 있습니다. 작가의 필명이나 예술가의 예명 등이 여기 해당합니다.

교황님이 취임하실 때에도 새 이름을 취하십니다. 지금의 교황님이 요한 바오로라는 이름을 택하신 이유는 요한 23세와 바오로 6세께서 하시던 일을 이어나가기를 원하셨기 때문이라고 합니다.

천주교에서는 세례를 받을 때 영명으로 새 이름을 받습니다. 오늘날은 대체로 성인의 이름들 중에서 하나를 택하는

데 이것도 같은 뜻에서입니다.

그런데 몇 년 전 영명으로 어떤 이름을 택해도 좋다는 새로운 규정이 나왔습니다. 따라서 영세자는 자기가 신자로서 앞으로 다할 사명을 나타내는 이름을 택할 수도 있습니다. 예컨대 꾸밈없는 참된 신앙생활을 하고 싶다는 마음으로 '진실'이라는 영세명을 택해도 상관없습니다.

제 이름은 미셸입니다. 본래 히브리어와 라틴어로는 '미카엘'로서, '미=누구, 카=닮았다, 엘=하느님', 즉 감히 '누가 하느님을 닮았을까' 하는 뜻으로, '하느님의 초월성'을 나타냅니다. 앞으로도 저는 하느님의 훌륭하심을 찬양하는 사람으로 살도록 힘쓰겠습니다.

우리들은 신자로서 하루에도 몇 번씩 '성부와 성자와 성령의 이름으로' 십자표를 그으면서 기도나 일이나 모임 등을 시작합니다. '하느님의 이름으로'라는 말은 이제부터 하느님의 이름으로 행할 뿐 아니라 하느님의 힘을 받아 더 잘 행하겠다는 다짐과 희망을 담고 있습니다.

36 무지개

평평한 땅 벨기에에서 태어나고 자라난 제가 일본에 왔을 때 일본 산들의 아름다움에 압도되어 지칠 줄 모르고 날마다 창밖으로 산을 바라보며 지냈습니다.

그런데 벨기에에 귀국할 때마다 평야에는 평야 나름으로 독특한 아름다움이 있다는 것을 새삼 깨닫게 되었습니다. 그 하나가 무지개입니다. 산이 없기 때문에 무지개는 지평선에서 지평선까지 걸쳐 있어 그것은 참으로 하느님의 장관이라고밖에 할 수가 없을 만큼 찬란하고 거대한 활 모양을 이룹니다. "무지개가 섰어, 어서 밖으로 나와 봐" 하고 부르시던 어머니의 목소리가 지금도 귀에 남아 있습니다.

많은 민족들에게는 무지개에 관한 전설이 있습니다. '무지개'라는 우리말의 어원은 혹 '물이 진다'라는 뜻에서 오지 않았나 합니다.

무지개를 뜻하는 독어 'Regenbogen'이나 영어 'rainbow'는 '비 (온 뒤의) 활'이라는 뜻입니다. 또, 불어 'arc-en-ciel'은 '하늘(에 있는) 활'이라는 말입니다.

아랍 지방의 전설에 의하면 우박화살을 쏘는 날씨의 신이 하늘에 두고 간 활이 무지개가 되었다고 합니다. 더 좋은 풀이는 무지개가 하늘(신의 세계)과 땅(인간의 세계) 사이에 걸려 있는 다리라는 것입니다. 다리로 말하자면 옛날에는 어느 나라에서든 커다란 다리는 반원형이었습니다.

성서에서는 인간의 죄에 지치신 하느님께서 의로운 사람 노아와 그 가족 말고는 온 인류를 홍수로 멸하신 다음 다시는 이런 일을 안하시겠다는 표시로 인간에게 보여주신 것이 무지개였습니다.

그래서 창세기에 "내가 구름 사이에 무지개를 둘 터이니, 이것이 나와 땅 사이에 세워진 계약의 표가 될 것이다. 내가 구름으로 땅을 덮을 때, 구름 사이에 무지개가 나타나면 나는 그것을 보고 하느님과 땅에 살고 있는 모든 동물 사이에 세워진 영원한 계약을 기억할 것이다"(9.13-16) 하였습니다. 이

때 하느님의 세계와 인간의 세계를 잇는 다리가 놓여 하느님과 인간 사이에 영원한 화평이 이루어진 것입니다.

그리하여 무지개는 노아의 방주에서 날려보낸 비둘기와 더불어 '평화의 상징'이 되었습니다.

요한 묵시록에는 "또 나는 힘센 다른 천사 하나가 하늘로부터 내려오는 것을 보았습니다. 그는 구름에 싸여 있었고 그의 머리에는 무지개가 둘려 있었으며 얼굴은 태양과 같았고 발은 불기둥과 같았습니다"(10.1)라는 말이 나옵니다.

에제키엘이 포로들 속에 끼어 있다가 뵈온 하느님은 "사방으로 뻗는 그 불빛이 비 오는 날 구름에 나타나는 무지개처럼 보였다"(1.28)고 하였으니 하느님이 나타나시는 마당에는 그 영광을 드러내 보이는 하느님의 표로서 무지개가 뜬다는 것을 알 만합니다.

"나는 하늘에 문이 하나 열려 있는 것을 보았습니다. 그리고 처음에 내가 들었던 음성, 곧 나에게 말씀하시던 나팔소리 같은 그 음성이 나에게 '이리로 올라오너라. 이후에 반드시 일어날 일들을 보여주겠다' 하고 말씀하셨습니다. 그러자 곧 나는 성령의 감동을 받았습니다. 그리고 보니 하늘에는 한 옥좌가 있고 그 옥좌에는 어떤 분이 한 분 앉아 계셨습니다. 그분의 모습은 벽옥과 홍옥 같았으며 그 옥좌 둘레에는 비취와 같은 무지개가 걸려 있었습니다." 이것은 요한 묵시록 4장 1-3절의 말씀입니다.

37 알몸

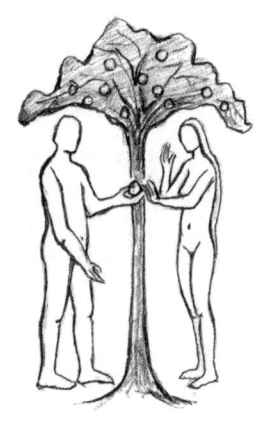

영어로 알몸을 가리키는 말이 두 마디 있습니다. '뉴드' nude(미국식 발음으로는 '누드')와 '네이킷' naked이 그것입니다.

우리말로는 알몸과 뉴드가 같은 뜻으로 쓰이고 있지만, 뉴드는 특히 그리스와 로마 예술품에 많이 나오는데 인간의 위엄을 드러내 보이는 품격 높은 나신을 가리킵니다. 이에 반해, 네이킷이라고 하면 벌거벗어 보기에 딱한 인간의 몸을 가리킵니다.

뉴드

원시종교의 의식에서는 알몸 그대로 신들을 섬기는 사람들의 모습을 가끔 보게 됩니다. 신들 앞으로는 몸을 싸서 감추지 않은 채 있는 그대로의 알몸으로 나아가는 것이 마땅하다고 생각했기 때문입니다. 다시 말해 옷을 입으면 신들과 자기들 사이를 가로막는다고 여겼던 것입니다.

원래 복장이란 추위에서 몸을 보호하기 위한 것이었지만 시대의 흐름과 더불어 신분이나 계급을 표시하는 것이 되었습니다. 우리나라에서나 유럽에서나 근대까지만 해도 사람의 옷차림을 보는 것만으로도 그 지위나 직업이나 계급까지도 알 수 있었습니다.

현재는 제복을 제외하면 복장에 의한 그러한 구별이 더는 나타나지 않게 되었습니다. 그 대신 차림새와 몸가짐으로 보아 그 사람의 개성이나 생활환경을 미루어 짐작할 수 있게 되었습니다.

그렇더라도 복장이 어느 정도까지는 개인의 참모습이나 가치를 숨길 수 있습니다. 네덜란드에서는 "옷이 사람을 정한다"고들 곧잘 말합니다만, 순수한 그대로의 사람이 오히려 차려입은 옷에 가려져서 안 보이게 될 수도 있습니다. 우리나라의 "옷이 날개"라는 말도 이와 비슷하다 하겠습니다.

일본에서는 목욕탕에 함께 들어가면 '알몸의 만남'을 할 수 있다고들 말합니다. 신과도 알몸으로 만나는 것이 소중

합니다. 신을 모신 가마를 되도록 알몸으로 여럿이 메고 거동하는 축제는 아직도 여러 곳에서 행하고 있습니다. 이런 습속은 중동 아시아나 로마 제국에서도 비슷했습니다.

창세기에 "아담과 하와는 둘 다 알몸이면서도 부끄러운 줄을 몰랐다"(2.25)고 했듯이 이들 내외는 벌거숭이였습니다. 하느님과 사람 사이, 지아비와 아내 사이에는 어떤 간격도 없습니다. 이것이 뉴드의 의미입니다. 인간의 아름다운 모습을 있는 그대로 보이는 것입니다. 사무엘 하권에는 "다윗은 모시 에봇을 입고 야훼 앞에서 덩실거리며 춤을 추었다"(6.14)는 말로 알몸인 다윗이 기쁨의 환성을 올리며 주님의 궤를 모시고 간 모습을 묘사하고 있습니다.

네이킷

그런데 창세기 3장 7절에 보면, "두 사람은 눈이 밝아져 자기들이 알몸인 것을 알고 무화과나무 잎을 엮어 앞을 가리었다"고 하였으니, 아담과 하와는 죄를 범한 결과 차마 그대로 바라볼 수 없는 제 몸의 상태를 알게 되었던 것입니다.

주님께서는 이사야를 통하여 "젊은이나 늙은이 할 것 없이 알몸과 맨발로 엉덩이까지 드러낸 채 끌려가"(20.4) 아시리아 포로가 될 것을 예언하셨으며, "홀랑 벗기어 속살까지 드러내어라"(47.3)라는 말씀으로 바빌론 포로가 될 것도 알리셨습니다.

신약에 접어들어서는 로마서에 "누가 감히 우리를 그리스도의 사랑에서 떼어놓을 수 있겠습니까. 환난입니까. 역경입니까. 박해입니까. 굶주림입니까. 헐벗음입니까. 혹 위험이나 칼입니까"(8.35) 하였고, 고린토 후서에서 바오로는 "추위에 떨며 헐벗은 일도 있었습니다"(11.27) 하며 선교의 노고를 술회하고 있습니다. 이런 말들은 헐벗어 딱하게 된 상태를 가리킵니다. 또 마태오는 헐벗은 사람에게 옷을 입혀주는 것은 사랑의 실천이라고 말하고 있습니다(25.36).

최후 심판을 묘사한 그림에 보면 인간이 알몸으로 하느님 앞에 나아가는 것이 정상입니다.

예수 그리스도께서도 알몸으로 십자가에 달리셨습니다. 십자가상의 그리스도가 허리에 천을 두르고 있는 듯한 인상을 주지만 실제 로마인들은 범인의 수치를 폭로하기 위하여 벌거벗긴 채로 십자가에 처형했습니다.

다시 말해 예수 그리스도께서는 우리 죄가 빚은 비참을 당신 한 몸에 받음으로써 우리들을 본래의 뉴드 인간으로 되돌려주신 것입니다. 예수님의 부활의 모습은 '네이킷의 수치'로부터 '뉴드의 존엄'으로 변용시키셨음을 뜻합니다.

  어떻습니까. 예술적인 뉴드와 포르노의 네이킷 사이의 구별이 이제 분명해지셨는지요.

38 비둘기

옛날부터 비둘기는 연애와 사랑의 상징이었습니다. 그것은 아마 비둘기의 암수가 곧잘 서로 입을 맞추기 때문이 아닐까 합니다. 그 결과 동방세계에서는 사랑의 여신의 상징이 온통 비둘기가 되어버렸습니다.

이미 창세기 8장 11절에 비둘기가 나옵니다. 땅 위를 뒤덮고 있던 홍수가 빠지기 시작하자 노아는 비둘기를 날려보내어 지면에서 물이 다 빠졌는지 여부를 확인하려고 했습니다. 첫번째는 비둘기가 앉을 곳을 못 찾아 방주에서 기다리던 노아에게로 되돌아왔습니다. 두번째는 비둘기가 부리에 올리브 잎을 물고 되돌아와 이를 본 노아는 물이 지상에서 빠진 것을 알았습니다. 세번째로 비둘기를 날려보내자 비둘기가 더는 돌아오지 않았습니다.

이에 노아가 주님께 제단을 쌓고 그 위에 번제물을 사르니 하느님께서는 노여움을 풀어드리는 향을 맡으시고 다시는 인간 때문에 대지를 저주하지 않겠노라고 하시어 하느님과 인간 사이에 화해가 이루어졌습니다.

올리브 잎을 물고 있는 비둘기가 평화의 상징으로 되어 있지만 결국 이것도 비둘기가 원래 '사랑'이라는 뜻을 지니고 있기 때문입니다. 하느님과 인간이 다시 서로 사랑하게 된 결과 평화가 온 것이므로 사랑이 곧 평화의 토대라고 할 수 있습니다.

세월이 흘러 아가에 이르면 "그대, 내 사랑, 아름다워라. 아름다워라, 비둘기 같은 눈동자"라든가(1.15) "산과 들엔 꽃이 피고 나무는 접붙이는 때 비둘기 꾸르륵 우는 우리 세상이 되었소"(2.12) 등, 특히 연가에 비둘기가 곧잘 나옵니다.

오늘날 정치가에 대하여 저 사람은 비둘기파라느니 독수리(매)파라느니 하며 딱지를 붙이지만 시편에는 "당신의 산비둘기 같은 영혼을 저 들짐승(독수리)에게 넘겨주지 마시오"(74.19) 하였는데, 이런 모든 말씀도 성서에 바탕을 두고 있는 것입니다.

신약성서에서도 비둘기는 매우 귀중한 상징입니다. "예수께서 세례를 받으시고 물에서 올라오시자 홀연히 하늘이 열리고 하느님의 성령이 비둘기 모양으로 당신 위에 내려오시는 것이 보였다. 그때 하늘에서 이런 소리가 들려왔다. '이는 내 사랑하는 아들, 내 마음에 드는 아들이다'"라는 구절이 마태오 복음에 나옵니다(3.16-17).

'성령'께서는 비둘기 모양으로 예수님 위에 내리셨습니다. 이것은 아담과 하와가 낙원에서 금단의 나무 열매를 먹은 죄의 결과 하느님과 사람 사이에 생긴 분열이 끝났음을 나타내는 것입니다.

창세기에 하느님께서 아담(사람)에게 '생명의 숨'을 불어넣으셨듯이(2.7) 이제 또 한 번 당신의 숨(영)을 인간에게 내려주십니다. 이로 인해 하느님과 사람 사이에 평화가 되돌아온 것입니다.

후세의 화가들은 성령을 비둘기의 모양으로 표현하고 있습니다.

또 마태오 10장 16절에 보면 예수께서 "너희는 뱀같이 슬기롭고 비둘기같이 양순해야 한다"고 하시며 선교하러 떠나는 제자들에게 타이르십니다.

성서에 나오는 비둘기는, 전령으로 띄우는 비둘기나 흔히 보는 요란한 비둘기와는 달리, 자그마하고 평화의 상징답게 예쁘장하고 순한 비둘기입니다.

39 빵

식물학자들에 의하면 밀은 팔레스티나(이스라엘) 원산의 식물이라고 합니다. 그런 만큼 그리스도께서 태어나 자라신 나라의 주식은 당연히 빵이었습니다. 성서를 읽다 보면 빵은 곧 양식(밥)이라는 것을 알게 됩니다. 주님의 기도에 "오늘 저희에게 일용할 빵(우리말로는 '양식')을 주시고"라고 되어 있습니다.

성서에서 빵은 인간의 물질적인 요구 자체를 의미합니다. "사람이 빵만으로는 살지 못하고 야훼의 입에서 떨어지는 모든 말씀으로 산다"(신명 8,3)는 말씀은, 밥벌이의 바탕이 되는 물질도 중요하지만 그보다 더 중요한 것은 영적인 삶이라는 주장입니다.

그렇게 가르치고 계시기는 하지만 자비의 하느님께서 인

간에게 먹을 것을 베푸시기를 저버리지는 않으십니다. 이스라엘 사람들이 시나이 반도를 헤매고 있을 동안 하느님께서는 하늘로부터 일부러 빵이 비 오듯 내리게 하셨습니다. 그것이 바로 '만나'입니다. 이를 '하늘의 빵', '천사의 빵' Panis Angelicus이라고도 부릅니다.

이보다 훨씬 후대에 예수님께서는 따라오는 군중을 측은히 여기시어 다섯 개의 빵을 축복하여 모두 배부르도록 나누어 먹이셨습니다(마태 16,9). 요한은 예수께서 주신 이 빵을 새로운 만나라고 부르고 있습니다.

그 당시의 빵은 얇고 둥그랬습니다. 인도 요리를 하는 식당에서 내놓는 '난'이라는 것과 비슷합니다. 예수님 시대에는 가족이 함께 식사를 할 때 우선 아버지가 빵을 손에 들고 기도를 노래로 바친 다음 이를 쪼개어 모두에게 나누어 주었습니다. 예수님께서도 제자들과 함께 몇 번이고 이렇게 하셨을 것입니다.

제자들과 함께 최후의 만찬을 하실 때가 왔습니다. 예수님께서 빵을 들고 이를 축복하신 다음 쪼개어 모두에게 주시며 "이는 너희를 위하여 내어줄 내 몸이다" 하고 말씀하신 이래, 이제 그 빵은 '예수님의 몸'이 되었습니다. 우리를 위하여 쪼개진 빵이 된 것입니다.

초대교회에서는 미사를 '빵나눔'fractio panis이라고 이름하였습니다. 수난하신 예수님의 몸을 모두가 나누어 먹는다는 뜻입니다. 이렇게 성체의 빵은 그리스도 신자의 주식이 되었습니다.

우리들은 예수님을 먹음으로써 예수님과 깊이 결합합니다. 음식이 소화되어 우리 일부가 되듯이 우리들도 조금씩 예수님의 모습을 닮아가면서 예수님의 삶을 따라 살게 됩니다.

성체의 빵은 물질적인 먹을거리이면서 또한 영적인 양식입니다.

40 빛

창세기 서두에 "하느님께서 '빛이 생겨라' 하시자 빛이 생겨났다"(1.3)고 쓰여 있습니다.

제가 아직 성서의 깊은 뜻을 깨치지 못했던 어린 시절, 첫날에 햇빛을 창조하신 하느님께서 나흘째가 돼서야 일월성신을 만드셨다(1.14-17)니 참 이상하다고 저는 느꼈습니다. 빛은 태양에서 오는 거라고만 단순히 생각하고 있었기 때문입니다.

성서 전체를 정독하고 공부함에 따라 성서가 말하는 빛에는 훨씬 더 깊은 의미가 있음을 깨달았습니다. 성서 안의 빛이란 그저 눈에 보이는 물질적인 빛이 아니라 정신적인 빛인 것입니다.

우선 하느님의 속성이 빛이어서 '하느님 자신이 빛'이라고 말할 수 있습니다. 성서에서는 그 빛을 하느님의 영광이라고도 일컫습니다. 더 구체적으로 말하면 빛은 행복, 사랑, 평안, 질서 등 적극적이고 긍정적인 요소를 두루 포함하고 있습니다. 그 반대는 어둠과 죄악 등 온갖 부정적인 것들입니다.

이것을 동양적으로 말하자면 '음양'이 되겠지요. 음은 어둠에, 양은 빛에 해당하는 것이겠습니다. 그리스 철학에서는 카오스와 코스모스가 되겠고, 천지창조 이전의 혼돈이라는 어둠의 카오스 상태로부터 질서정연한 빛의 코스모스 상태를 이루어 놓는 것을 창조라고 부릅니다.

하느님에 의해 창조된 인간의 첫째 본분은 하느님과 더불어 카오스를 코스모스로 만드는, 즉 이 세상의 어둠을 밝히는 일이라 하겠습니다. 요한은 서두에 인용한 창세기의 "빛이 있어라"를 이처럼 바꾸어 말했습니다. "한처음, 천지가 창조되기 전에 말씀이 계셨다. 말씀은 하느님과 함께 계셨다. 말씀은 하느님이셨다. 말씀 안에 생명이 있었다. 생명은 인간을 비추는 빛이었다. 그 빛이 어둠 속에서 비치고 있었다. 그러나 어둠은 빛을 이기지 못하였다"(요한 1,1-5).

이렇듯 '빛'이라는 생각은 유대교나 그리스도교뿐 아니라 모든 종교에 있습니다. 그것을 구체적으로 보여주는 상징이

후광입니다. 그리스도교의 하느님과 성인들, 다양한 제신과 부처님의 그림이나 조각에는 후광이 있습니다.

우리말로 '밝다', '밝음' 따위의 말은 '붉다'와 같이 빛을 발하는 '불'과 관계가 있다고 합니다. '깨달음'을 영어로는 'enlightenment' 즉 빛light을 들인다는 말로 표현합니다. 이런 뜻으로 신성한 곳에 켜는 초 또는 등을 이해하면 좋을 것입니다.

12월 25일은 본래 미트라Mithra교에서 지내는 태양 탄생 축제의 날이었습니다. 이것을 그리스도교에서는 그리스도의 강생과 결부시켜 세상의 빛이신 그리스도의 탄신을 경축하는 날로 잡았습니다. 요한 복음에는 "예수께서 말씀하셨다. '나는 세상의 빛이다. 나를 따라오는 사람은 어둠 속을 걷지 않고 생명의 빛을 얻을 것이다'"(8.12)라고 하였습니다. 연말 무렵은 일년 중에도 밤이 가장 길고 어두운 시기이므로 이때부터는 태양이 날로 그 힘을 더해 갑니다. 크리스마스의 조명은 그 어둠을 몰아내려는 빛이라고 보아도 좋겠지요.

이 세상의 어둠을 다시 밝히는 일, 그것이 곧 구원의 의미입니다. 세상의 빛이 되라고 마태오는 이렇게 말합니다. "너희는 세상의 빛이다. 산 위에 있는 마을은 드러나게 마련이다. 등불을 켜서 됫박으로 덮어두는 사람은 없다. 누구나

등경 위에 얹어 둔다. 그래야 집 안에 있는 사람들을 다 비출 수 있지 않겠느냐. 너희도 이와같이 너희의 빛을 사람들 앞에 비추어 그들이 너희의 착한 행실을 보고 하늘에 계신 아버지를 찬양하게 하여라"(5,14-16).

 신자인 우리들이 세상의 빛이 된다는 것은 부활성야 축제 거행에서 아름답게 구현됩니다. 세상의 빛이신 그리스도를 상징하는 커다란 부활초에서 우리들이 저마다 손에 들고 있는 작은 초에 차례로 빛을 옮겨 붙여 나갑니다. 그렇게 하면서 깜깜하던 성당이 점점 밝아져 갑니다.

 세상 안에는 지금 어둠을 의미하는 온갖 악이 횡행하고 있지만 언젠가는 빛이 승리할 것을 우리는 믿고 있습니다. 그것이 세상의 완성입니다. 성서의 마지막 책인 요한 묵시록은 이 완성을 "그 도성에는 태양이나 달이 비칠 필요가 없습니다. 하느님의 영광이 그 도성을 밝혀 주며 어린양이 그 도성의 등불이기 때문입니다"(21,23)라고 표현하고 있습니다. 이것은 성서의 첫 권인 창세기에 씌어 있는 하느님의 창조가 이처럼 완성되고 있음을 말해주는 대목입니다.

41 돼지

유대교에서는 '부정'不淨을 대단히 꺼립니다. 그런데 부정 중에는 죄의 결과가 낳는 도덕적인 부정뿐 아니라 위생상의 부정도 포함되어 있습니다. 예를 들어 어떤 동물은 정淨하지 못해서 그 고기를 먹으면 안된다는 식입니다.

유대교 사회에서는 유대인이 아닌 이방인마저도 부정한 자로 보아 그들과의 접촉을 피하지 않으면 안됐습니다. 만약 부득이 상관했을 경우는 나중에 온 몸을 물로 씻어 정화해야 했습니다. 부정에 관한 이러한 생각이 위생 때문에 생겼는지 아니면 금기 때문에 생겼는지는 종교학자들도 잘 모릅니다.

참으로 정(거룩)한 존재는 하느님뿐이십니다.

유대교인은 '청정'淸淨과 '신성'神聖을 동일시하였습니다. 부정을 씻는다는 개념은 중요합니다. 아무도 하느님만큼 청정(신성)해질 수는 없겠지만 그래도 되도록 자기자신을 정하게 보존하는 노력이 요구됩니다.

구약성서의 레위기에는 부정에 관한 많은 규정이 상세하게 적혀 있습니다. 그중에서도 돼지(멧돼지)를 가장 '부정한 짐승'으로 취급했습니다(11.7). 그 이유는 어쩌면 돼지가 진창을 좋아하고 지저분한 것을 먹기 때문이었겠지요. 베드로의 둘째 편지에도 "돼지는 몸을 씻겨주어도 다시 진창에 뒹군다"(2.22)는 속담이 나옵니다.

지금도 유대인들과 그들의 전통을 이어받은 회교도들은 절대로 돼지고기를 안 먹습니다. 만약 먹으면 살인과 마찬가지로 무거운 죄가 됩니다. 돼지고기를 먹도록 강요당해 순교까지 한 유대인들도 있습니다. 마카베오서에 보면 돼지고기를 먹으라고 왕에게 강요받고도 그걸 어찌 먹을까보냐고 대답하며 순교한 일곱 형제와 그 어머니의 사화가 실려 있습니다(후서 7장).

신약성서 안에도 돼지 이야기가 가끔 나옵니다. 루가 복음에는 아버지에게서 나누어 받은 유산을 탕진해 버린 끝에 다음날 먹을 것조차 없게 된 자식이 몸부쳐 살게 된 집 주인이 "그를 농장으로 보내어 돼지를 치게 하였다"(15.15)고 하였습니다. 아들이 곤궁하다 못해 얻은 일거리가 고작 더러운 돼지를 치는 일이었습니다.

그런가 하면 마태오 복음 8장 31절에는 사람에게 들렸던 마귀들이 예수님께 와서 "우리를 쫓아내시려거든 저 돼지들 속으로나 들여보내 주십시오" 하고 간청하면서 저만치에서 먹이를 찾아다니던 돼지떼를 가리켰다고 합니다.

마태오 7장 6절의 "진주를 돼지에게 던져 주지 말라"는 속담도 귀중한 것을 아무 값어치 없는 돼지에게 주어서는 안된다는 뜻입니다.

그러나 예수님께서는 '모든 음식은 깨끗하다'고 선언하셨습니다(마르 7.19). 더러운 것은 도덕적인 죄악뿐이고 다른 모든 것은 하느님께서 지어내셨기 때문에 깨끗하다는 말씀입니다.

현대의 그리스도인들은 예수님 덕분에 맛있는 돼지고기를 실컷 먹을 수 있도록 허락을 받았습니다.

42 뱀

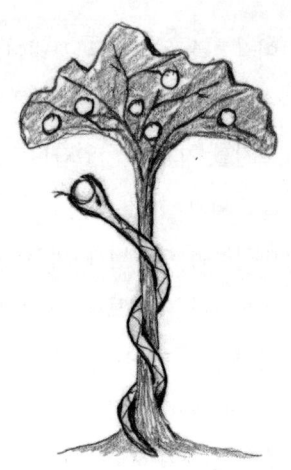

뱀은 옛날부터 그 생김새나 움직이는 모습이 온갖 짐승 중에서도 가장 끔찍한 것으로 여겨집니다. 구멍이나 풀숲에서 스르르 기어나오는 꼴은 마치 황천에서 무엇이 나타나기라도 한 것 같은 섬뜩한 느낌입니다. 그래서 사람들은 뱀을 곧잘 '악'과 연관시킵니다.

반면 뱀은 햇볕을 좋아하는 생물이라서 '빛'의 세계에도 속합니다. 에집트의 태양신 '레' Re의 상징으로서 뱀은 모든 악을 물리칠 수 있다고 생각되어 에집트 왕의 머리장식이 되었습니다.

또 뱀은 그 눈총만으로도 다른 짐승을 움츠리게 하는 힘이 있어서 '죽음'의 상징이 되기도 합니다. 그리고 껍질이

낡으면 온 몸을 뒤집어 허물을 벗기 때문에 뱀은 또한 '부활과 치유'의 상징이기도 합니다. 이런 의미에서 오늘날까지도 뱀이 의학의 상징이 되어 동서양의 약국 간판에 걸려 있습니다.

뱀은 성서 안에서 큰 역할을 하고 있습니다. 처음에 나오는 것은 창세기인데 거기서는 "야훼 하느님께서 만드신 들짐승 가운데 가장 간교한 것은 뱀이었다"(3,1)고 하였습니다.

뱀은 또 그 끝이 둘로 갈라진 혀를 가지고 있어 그 이중적인 혀를 놀려 하와로 하여금 죄를 짓도록 유혹했습니다. 그 벌로서 "네가 이런 일을 저질렀으니 온갖 집짐승과 들짐승 가운데서 너는 저주를 받아, 죽기까지 배로 기어다니며 흙을 먹어야 하리라"(창세 3,14)는 하느님의 준엄한 말씀을 듣습니다.

민수기에 보면(21,4-9) 광야의 고통을 더는 견딜 수 없게 된 이스라엘 백성이 하느님과 모세를 거슬러 이렇게 대들었습니다. "어쩌자고 우리를 에집트에서 데려내 왔습니까. 이 광야에서 죽일 작정입니까. 이 거친 음식은 이제 진저리가 납니다." 그러자 하느님께서는 그 백성에게 불뱀을 보내십니다.

불뱀은 사람들을 물어 이스라엘 백성 중 많은 이들이 죽습니다. 백성은 모세에게 와서 하느님과 모세를 비난한 것을 반성하면서 "뱀이 물러가게 야훼께 기도해 주십시오" 하고 간청합니다. 하느님 말씀대로 모세는 청동으로 구리뱀을 만들어 그것을 깃대 위에 달아놓습니다. 뱀에게 물린 사람마다 그것을 쳐다보면 목숨을 건질 수 있었습니다.

광야에서 있었던 이야기 가운데 뱀이라는 존재 안에 두 가지 상반되는 의미가 동시에 담겨 있음을 알 수 있습니다. 즉, '죽음'의 상징이었던 뱀이 '구원'의 수단이 됐다는 것입니다.

그리스 문화권에서도 '부활과 치유'의 상징이던 청동뱀이 이제는 십자가(기둥)에 달리신 구세주 그리스도의 상징이 되었습니다.

예수님 자신도 니고데모에게 이렇게 말씀하십니다. "하늘에서 내려온 사람의 아들 외에는 아무도 하늘에 올라간 일이 없다. 구리뱀이 광야에서 모세의 손에 높이 들렸던 것처럼 사람의 아들도 높이 들려야 한다"(요한 3,14-15).

예수님은 또 열두 제자를 파견하시면서 "너희는 뱀같이 슬기롭고 비둘기같이 양순해야 한다"고 가르치십니다(마태 10,16).

동양에서 길조吉兆로 여겨 중요하게 취급하는 상상적 영물인 용이 성서에서는 뱀과 동일시되어 요한 묵시록에는 오히려 악마의 상징으로 나옵니다. "하늘에서는 전쟁이 터졌습니다. 천사 미카엘이 자기 부하 천사들을 거느리고 그 용과 싸우게 된 것입니다." 그리고 용은 땅으로 떨어졌다고도 적혀 있습니다(12.7-9).

성서 안에서 처음부터 끝까지 선과 악의 상징이던 뱀이 결국 '선과 악 모두'를 동시에 상징하는 것으로 나타납니다.

43 장막

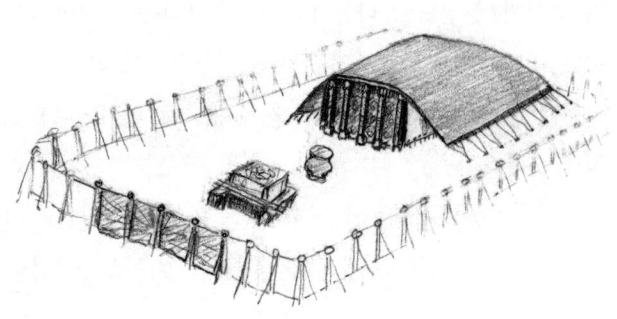

아시듯이 이스라엘 사람들은 에집트를 떠나 40년 동안 시나이 반도에서 유목민족처럼 천막생활을 했습니다. 지금도 중동 아시아에서는 일부 베드윈족이 천막에서 이리저리 자리를 옮기며 그렇게 살고 있습니다.

하느님 자신도 이스라엘 사람들과 함께 계시려고 당신 거처로 삼은 장막에서 지내셨습니다. 그 세부 구조는 탈출기에 적혀 있습니다. 이스라엘 사람들의 많은 천막들 한가운데에는 하느님의 장막이 자리잡고 있었습니다.

하느님의 장막에는 성궤가 있고 그 안에는 주님의 십계명을 새긴 석판이 들어 있었지만 하느님의 성상이나 그림 따위는 없었습니다. 그것은 제2계명이 하느님의 모습을 그리거나 만들어 예배하는 일을 엄하게 금하고 있었기 때문입니다.

그래서 이스라엘 사람들은 하느님께서 신비롭게 그 장막 안에 현존하고 계시다고 믿었습니다. 하느님께서 그들과 함께 머물고 계시다는 깊은 안도감을 품고 있었습니다.

장막에서 우리와 '함께 계시는 하느님'(엠마누엘)은 그 얼마나 아름다운 상징입니까. 하느님께서는 이스라엘 사람들과 같은 유목민의 일원으로서 그들과 함께 여러 곳을 두루 방랑하셨습니다.

이스라엘 사람들은 이 현실을 '셰키나'라고 일컬었습니다. 장막은 그 셰키나의 가시적인 형상이었습니다. 요한 복음 1장 14절과 묵시록 21장 3절에는 장막에서 사람들과 함께 사시는 하느님에 관한 이야기가 '스케네'라는 그리스어 낱말로 나옵니다.

셰키나와 스케네는 서로 매우 닮아 있습니다. '스케노스'라는 그리스 말은 장막을 의미합니다. 그러니까 요한 복음에 나오는 "말씀이 사람이 되셔서 우리와 함께 계셨다"(1.14)는 대목은 "예수님께서 우리와 함께 장막에서 살고 계시다"로 옮겨도 되는 셈입니다.

장막이라는 상징은 예수님의 육화(肉化)의 심오한 의미를 표현하고 있습니다. 우리들도 곧잘 떠돌지만 예수님께서는 언제나 우리들과 함께 움직이시고 함께 다녀주십니다. 아무리 위험한 곳에 가더라도 예수님께서는 우리와 함께 머물고 계십니다. 하나도 두려워할 것이 없습니다.

우리들의 '인생의 상징'도 장막이 아니겠습니까. "인생은 나그넷길"이라고들 노래하듯이 우리들의 세상살이도 일시적인 것입니다. 생각해 보면 천막살이나 다를 바 없습니다.

이사야는 인간의 죽음을 이렇게 표현하고 있습니다. "나의 초막은 목동의 초막처럼 뽑혀 말끔히 치워졌습니다"(38.12).

죽는다는 것은 천막을 접는 것과 같습니다. 그랬다가 영원의 세상에서 그 천막을 다시 펴서 치는 것입니다. 시편에 또 하나의 멋진 표현이 있습니다. "나 어려운 일 당할 때마다 어김없이 … 주님은 (당신) 장막 그윽한 곳에 (나를) 감춰 주시며"(27.5) 우리들을 온갖 위험에서 지켜 주십니다. 장막은 실로 하느님과 우리들간의 친교의 상징입니다.

동경 대성당은, 세상의 여러 성당이 그렇듯이, 천막의 모양으로 지어졌습니다. 건축가 탕게丹下健三 씨는 우리에게 하느님의 장막을 보여주고 있는 것입니다.

44 도성

이스라엘 사람들이 에집트를 탈출하고 여호수아의 영도 아래 가나안(지금의 이스라엘과 팔레스티나) 땅에 들어갔을 때 가나안은 몇 개의 시국市國으로 이루어져 있었습니다.

가나안은 예부터 여러 민족이 모여 사는 곳이었습니다. 북쪽의 바빌로니아나 남쪽의 에집트 제국으로부터 도망나온 사람들이 가나안에서 살고 싶어했습니다. 이스라엘 역시 밖으로부터 들어온 민족이었습니다. 이렇게 북이나 남에서 흘러들어온 이민족에게 위협받으면서 살아온 가나안 사람들은 당연히 성곽으로 굳게 에운 도시를 지었습니다.

농민들은 도성 밖으로 나가 농사를 지었지만 위험이 닥쳐오면 도성 안으로 피신해 들어오곤 했습니다. 따라서 도성은 모든 이에게 안도감을 안겨주는 곳이었습니다. 특히 그 도성의 왕이 강한 인물이면 사람들은 평화로운 나날을 보낼 수 있었습니다.

40년 동안 사막을 이리저리 떠돌던 이스라엘 사람들도 가나안 땅에 들어와 차츰 도시생활에 안주하게 되었습니다. 다윗이 예루살렘을 장악하고부터는 예루살렘을 그 어떤 도시보다 한층 더 중요시하게 되었습니다.

우선 성전이 예루살렘에 있었습니다. 하느님께서 그 안에 사시는 도성, 하느님이야말로 자기네들을 지켜주는 도성의 가장 훌륭한 임금님이셨습니다. 「지극히 아름다운 성전」이라는 성가(가톨릭 성가 69장)는 "지극히 화려하고 영화로운 성전, 온갖 정성 다 들여 주님 집 이뤘네. 영화 갖추운 복된 집이라 우리를 그 안에 보호하옵소서" 하며 주님께서 머무시는 곳을 감동적으로 찬양하고 있습니다.

그런데 이 하느님의 도성 예루살렘이 차차 무너져 가고 있었습니다. 바빌론 포로시대에도 그랬습니다. 그런 가운데 이스라엘에 사는 신심깊은 사람들 간에는 이 세상의 예루살렘보다는 영적인 예루살렘을 꿈꾸는 마음이 점점 더 뿌리내리게 되었습니다.

그것은 군대나 성벽으로 이루어지는 그런 성채가 아닌,

오직 하느님만이 자기네들을 지켜주시는 새로운 세계였습니다. 특히 그러한 생각이 깊은 것은 요한 묵시록으로서, 천사가 영으로 충만한 요한을 크고 높은 산으로 데리고 올라가서 "하늘로부터 내려오는 거룩한 도성 예루살렘을 보여주었다"(21.10)고 하였습니다.

이 하느님의 도성은 역사가 그 종말에 다다를 목적입니다. 성 아우구스티누스는 『신국』神國(라틴어로 *Civitas Dei* = 신의 도시)이라는 유명한 책을 지었습니다. 바로 로마 제국의 지배가 무너져 가던 무렵 폐허가 된 도시의 신자들에게 그는 이렇게 말했습니다. "안심하십시오. 새로운 하느님의 도시가 이제부터 이 세상에 세워질 것입니다. 그것은 '그리스도교의 세계'입니다."

이 하느님의 도시를 세우는 것은 우리들 자신이기도 합니다. 그리스도교의 가치관을 중심으로 세울 새로운 세계야말로 바로 하느님의 도성입니다.

45 바른편과 왼편

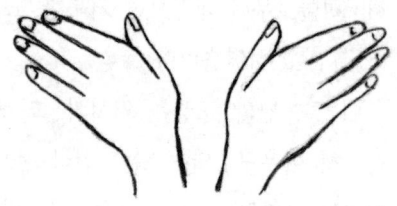

우리 시대에 성서를 읽고 있노라면 거기에도 많은 차별적인 표현이 쓰이고 있음을 느끼게 됩니다. 성서는 하느님의 계시를 받은 사람들이 하느님의 세계를 말하기 위해 쓴 것인 만큼 쓰는 사람이 살던 시대의 사고방식이 거기 반영된 것은 당연합니다. 예를 들면 남존여비도 성서에 나옵니다. 그러나 성서가 의도적으로 여성을 멸시한 것은 아닙니다. 하느님께서는 언제나 여자, 어린이, 가난한 이들, 약자들 편에 서 계십니다. 이제 거론할 '바른편과 왼편'도 왼손잡이인 분들에게는 혹 듣기에 언짢으실지 모릅니다만, 이것 또한 당시 사회의 한 관념으로 보고 읽어주셨으면 좋겠습니다.

* * *

그러고 보니 이 세상 사람 대부분은 바른손잡이입니다. 그래서 옛날부터 바른손잡이가 어쩐지 옳고 왼손잡이는 교정해 주어야겠다고 생각해 왔습니다. 영어의 'right'라는 말은 '바른편'이라는 의미와 함께 '바르다'는 뜻도 있습니다.

그런데 옛 조선왕조에서는 영의정 바로 아래가 좌의정이고 우의정은 또 그 아래였는데, 그 나름대로의 까닭이 있었습니다. 임금님이 북(뒤)으로는 산을 등지고 남쪽을 향해 좌정하면 그 왼편이 해돋는 동쪽이고 바른편이 해지는 서쪽이 되기 때문입니다. 불교에서도 마찬가지로 약사여래의 왼편에는 일광보살이 시립하고 바른편에는 월광보살이 시립하고 있습니다. 이제는 사라진 남존여비사상에 근거한 '남좌여우'라는 격식도 이런 뜻을 띠었습니다.

같은 동양이라도 바빌로니아 사람들과 아시리아 사람들의 지신地神 '벨'Bel은 바른손에 햇빛, 왼손에 달빛을 두고 있어 바른편을 왼편보다 중시한 것을 알 수 있습니다. 바른편은 해님, 왼편은 달님이 됩니다. 여기에는 바른편이 남성, 왼편이 여성이라는 뜻도 담겨 있습니다. 이슬람교나 힌두교 나라들에서는 밥을 먹을 때 오직 바른손만을 쓰기로 되어 있습니다. 악수할 때 왼손을 내밀기라도 하면 상대방에게 큰

모욕을 주는 꼴이 됩니다. 왜냐하면 왼손은 불결한 데에만 쓰고 있기 때문입니다.

성서에는 바른편을 상위로 여기는 좋은 예가 있습니다. 창세기 35장 18절에 나오는 아브라함의 손자 야곱의 얘기가 그것입니다. 아내인 라헬이 난산 끝에 둘째 사내아이를 막 낳으려고 할 때 그 아이를 '벤·오니', 즉 '내 고통의 자식'이라고 이름지어 달라고 말하면서 그만 숨을 거둡니다. 그 아비 야곱은 평생 이렇게 불운한 이름으로 불릴 자식이 가엾어 그 아이를 '벤·야민', 즉 '벤'은 내 자식, '야민'은 바른손, 다시 말해 '행운의 자식'이라고 부르기로 하였습니다.

하느님도 바른손 왼손을 가지셨다고들 생각했습니다. "당신께서 바른팔을 뻗으시니 땅이 그들을 삼켰습니다"라고 탈출기 15장 12절에 나와 있고, 시편 110편 1절에서는 하느님 말씀으로 "내 바른편에 앉아 있어라. 내가 네 원수들을 네 발판으로 삼겠다"고 다윗이 노래합니다.

예수님 자신도 하늘에 오르신 다음 하느님 바른편에 좌정하셨다는 말씀이 마르코 16장 19절에 나옵니다. 이것은 예수님께 하느님 나라의 모든 권위와 권력이 주어졌다는 의미입니다. 이렇듯 주님의 승천은 예수님께서 온 우주의 왕으로 좌정하신 즉위식이기도 합니다. 성부의 바른편에 앉아 계시는 예수님은 우리들의 기도를 아버지께 전구해 주십니다.

한편, 예수님께서는 최후의 심판에서 모든 나라 백성을 한데 모아 바른편에는 복받아 천국을 상속할 사람들을 갈라놓고 왼편에는 저주받아 영원한 불에 들어갈 자들을 갈라놓으셨다고 마태오는 말합니다(25,31-46). 예수님의 십자가 양편에 달려 있던 우도와 좌도를 연상해 볼 수도 있겠습니다.

이상은 왼손잡이와는 전혀 무관한 이야기. 아무 걱정 마시기를.

46 문

일찍이 우리나라에서는 문의 격식만 보아도 그 안에 살고 있는 사람의 신분을 알았습니다. 그래서 문은 마치 신분의 상징처럼 되어 있었습니다. 성서의 세계에서는 문이 '안과 밖, 어제와 오늘, 성과 속, 생명과 죽음의 갈림목'을 가리키는 말이었습니다. 그렇기 때문에 천국이나 지옥에도 문이 있다고 생각했습니다.

　문은 도읍 또는 성, 신전 등을 적으로부터 지키기 위하여 특별히 견고하게 만들었습니다. 여러 가지 적 가운데서도 특히 악령을 두려워했습니다. 악령 따위를 물리치기 위해서 에집트에서는 문 양쪽에 사자상을 놓았습니다. 이 전통이 아시아 전역으로 퍼져나가 신전 앞은 으레 사자나 해태가 지키게 하곤 했습니다. 절의 문간 양쪽에 서 있는 사천왕상도 악령을 물리치는 역할을 맡고 있습니다. 우리가 늘 쓰는 말 중에도 '입문, 문하, 명문, 동문, 문중, 문벌' 등등, 우리 삶에서 문이 차지하는 큰 몫을 잘 드러내는 말이 제법 많습니다.

로마에는 문을 지키는 '야누스' Janus라는 신이 있었습니다. 이 신은 이중얼굴이 있어 안과 밖을 동시에 지킬 수 있었습니다. 서양에서는 지금도 '야누스 얼굴을 한 사람'이라는 말이 쓰이는데 안팎이 다른 사람이라는 뜻입니다.

야누스는 문 밖에 서 있는 까닭에 한 해의 시작을 가리키는 존재로 간주되어 1월January의 어원이 되기도 하였습니다.

로마에는 또 야누스 신전이 따로 있어서 신전의 문이 닫혀 있을 때는 평화를, 열려 있을 때는 전쟁을 표시했습니다. 예수님께서 태어나신 시대는 마침 '팍스 로마나' Pax Romana(=로마의 태평) 시대였으므로 문은 줄곧 닫혀 있어 평화의 임금이신 예수님 탄생에 걸맞은 시기였습니다.

예전에는 전쟁에 이기면 임금을 위해 개선문을 세웠습니다. 성서도 계약의 궤를 선두로 행렬이 성전문을 통하여 개선하던 때의 장엄한 입성의식을 묘사하고 있습니다. "문들아, 머리를 들어라. 오래된 문들아, 일어서라. 영광의 왕께서 듭신다"(시편 24.7)고 하였는데, 이는 전쟁에 승리하신 영광의 왕 야훼를 환영하기에는 문이 너무 낮지 않은가 하는 재미난 발상입니다. 예수님의 입성을 경축하는 수난주일(성지주일)에는 항상 이 시편 24를 노래합니다.

오스만·터키 제국 황제의 궁전은 '수려한 문'이라고 불렀습니다. 일본에서도 천황을 '미카도' 御門라고 칭하는데 그것은 황거皇居의 문을 가리키는 말입니다.

성서 안에서도 문은 중요합니다. 우선 하늘과 땅의 경계에는 문이 있다고 생각했습니다. 창세기에 보면 그 끝이 하늘까지 닿는 사다리 아래에서 잠에서 깨어난 야곱이 "이 얼마나 두려운 곳인가. 여기가 바로 하느님의 집이요, 하늘문이로구나"(28.17) 하고 외칩니다.

도시의 문으로 들어가면 곧 넓은 광장이 있어 그 도시의 중심을 이루었습니다. 재판을 한다든가 계약을 맺는 일도 다 여기서 이루어졌습니다. 룻기 4장에는 다윗의 증조부 보아즈가 이방인의 아내를 자기 아내로 삼는 마당에서 문 앞에 보인 모든 시민과 장로들이 그 증인이 되어 주었다는 기록이 있습니다.

요한 복음 10장 9절에 예수님께서는 "나는 문이다. 누구든지 나를 거쳐서 들어오면 구원받는다"고, 당신 스스로가 문임을 말씀하십니다. 묵시록에는 "내가 문 밖에 서서 문을 두드리고 있다. 누구든지 내 음성을 듣고 문을 열면 나는 그 집에 들어가서 그와 함께 먹고, 그도 나와 함께 먹게 될 것이다"(3.20)라고 하십니다. 실은 이 대목이 성서 중에서 제가 가장 좋아하는 곳입니다. 예수님께서는 결코 강제하지 않으십니다. 우리들이 마음의 문을 열기만을 밖에서 지그시 기다리십니다. 마음의 문이 열리면 드디어 안으로 들어오시어 다정하게 한 사람 한 사람과 함께하십니다.

묵시록 21장 12절에는 새로 완성된 거룩한 도성 예루살렘에는 문이 열둘이 있다고 적혀 있습니다. 이어서 25절에는 "그 도성에는 밤이 없으므로 종일토록 대문을 닫는 일이 없을 것"이라고 하였습니다. 옛날 문은 앞서 보았듯이 도시를 적으로부터 지키기 위해 세웠지만, 새로운 하느님 나라의 문은 온 세상 사람들을 맞아들이기 위해 언제나 활짝 열려 있습니다.

유럽에서는 대성당 문 위에 열쇠를 들고 계신 예수님상을 볼 수 있습니다. 예수님께서 하늘문을 여는 열쇠를 가지고 계시다는 뜻입니다. 이는 바로 베드로에게 "나는 너에게 하늘나라의 열쇠를 주겠다"(마태 16,19)고 하신 말씀에 의해 그에게 하늘문 열쇠가 맡겨졌다고 생각하게 된 연유입니다.

언젠가는 죽지 않으면 아니될 우리들, 베드로 성인과 사이좋게 지내시도록 권하는 바입니다.

47 염소

구약과 신약 성서 모두에 가끔 염소 이야기가 나옵니다. 양치기들은 대체로 양과 아울러 염소도 쳤습니다. 그들에게 염소는 소중한 짐승이었습니다. 그 젖이 매우 영양가가 높아서 치즈 만들기에 적격이었습니다. 그 털은 천막 재료로 쓰였습니다.

성서에 나오는 염소의 털은 검정색이어서 그 털로 만든 천막 역시 검은빛이었습니다. 비가 오면 천막천이 방수 역할을 해냅니다. 성전의 지성소 앞에 치는 천막 역시 염소털로 짠 것이었습니다.

염소는 양보다 성질이 거칠고 그 먹이도 다릅니다. 양은 목초를 뜯어먹지만 염소는 나뭇잎이나 잡초 따위를 즐겨 먹습니다. 싸움도 잘하고 도망치기도 곧잘 합니다. 이런 사정 때문에 때때로 양과 염소를 갈라놓을 필요가 있습니다.

이것이 마태오 복음 25장 31-33절의 배경입니다. "사람의 아들이 모든 민족들을 앞에 불러 놓고 마치 목자가 양과 염소를 갈라놓듯이 그들을 갈라 양은 바른편에, 염소는 왼편에 자리잡게 할 것이다." 바른편은 축복받은 사람들, 왼편은 저주받은 자들의 상징이므로 염소의 이미지는 아무래도 좋지 않습니다. 앞서 염소는 성미가 사나운 짐승이라고 했는데 이런 인상은 그 때문인지도 모릅니다.

고대 유대아에서는 '욤 킵푸르' Yom Kippur라는 속죄의 날이 되면 염소 한 마리를 광야로 끌고나가 아자젤(91-2쪽 참조)에게 바치는 관행이 있었습니다. 레위기 16장 8절에는 제사장 아론이 속죄의 날에 숫염소 머리 위에 손을 얹고 상징적으로 유대인들의 죄를 그 염소에게 씌워 광야의 아자젤에게 쫓아 보낸다는 기록이 있습니다.

아자젤은 사막에 살고 있는 악마 같은 존재라고들 여겼는데, 이렇게 하면 이스라엘 사람들의 모든 죄가 일년에 한번씩 지워진다고 생각했습니다.

이 염소(속죄양)를 영어로는 '스케입고트' scapegoat라고 하는데 이 낱말은 'scape = escape = 도망치다, goat = 염소'라는 뿌리에서 나온 것입니다. 이른바 '속죄양'을 뜻하는 이 말은 오늘 '남의 죄를 대신 뒤집어쓰는 자'라는 뜻으로 쓰이고 있습니다. 모두가 나빴는데 한 사람에게만 죄를 뒤집어씌우는 것을 두고 '그 사람을 속죄양으로 만든다'고 합니다.

예수 그리스도께서는 글자 그대로 우리들의 속죄양이 되셨습니다. 우리들 모두의 죄를 지고 악인들의 손에 넘겨져 십자가 위에서 돌아가셨습니다.

48 레바논의 삼목

팔레스티나 북서부에 지중해안 따라 뻗어 있는 레바논 산맥은 비가 많이 와서 송백류의 삼림으로 덮여 있었습니다. 특히 이 지역의 레바논 삼목杉木은 당당하게 솟은 상록의 거목으로 향기가 높고 벌레도 타지 않아 태고로부터 영원한 생명의 상징으로 통했습니다.

이사야가 "황무지도 레바논의 영광으로 빛나고 가르멜과 샤론처럼 아름다워져 사람들이 야훼의 영광을 보리라"(35.2)고 노래하였듯이 레바논 삼목은 하느님 영광의 상징이 되었습니다.

에제키엘은 "나도 그 송백 끝에 돋은 순을 따리라. 그 연한 가지에 돋은 햇순을 따서 높고 우뚝한 산 위에 몸소 심으리라. … 그러면 그것은 울창한 레바논의 삼목이 되고, … 그제야 들의 모든 나무는 알리라. 높은 나무는 쓰러뜨리고, 낮은 나무는 키워주며 푸른 나무는 시들게 하고 마른 나무는 다시 푸르게 하는 이가 바로 나 야훼임을 알리라"(17,22-24)는 말로 레바논의 삼목을 구원의 상징으로 표현하고 있습니다.

아가 5장 15절에 나오는 신부는 레바논의 삼나무 같은 젊은 애인이 그립다고 노래합니다.

에덴 동산의 어떤 나무도 모두 부러워했다는 레바논의 삼목이지만 그 키가 구름 위로까지 뻗어오르게 되면 마음이 교만해져 마침내 흉폭한 이방인들에게 잘려 쓰러지는 신세가 됩니다. 이렇게 에제키엘은 에집트 왕의 몰락을 비유로 예언하고 있습니다(31,1-14).

예부터 레바논 삼목은 빼어난 재목으로 왕궁이나 성전, 지성소나 성궤에 쓰여 왔습니다. 예수님의 성궤이신 마리아님을 두고도 '레바논의 삼목'이라고 노래합니다.

49 당나귀

십 년쯤 전에 예루살렘에 석 달 동안 머문 적이 있습니다. 돌이켜 생각해 보면 참으로 은혜로운 기간이었습니다. 이스라엘 땅을 두루 다니며 성서에 점점 더 젖어들 수 있었습니다.

그때 당나귀라는 놈을 아주 좋아하게 되었습니다. 당나귀는 정말 쓸모가 많은 짐승으로서 자동차로 못 가는 데라도 당나귀라면 갈 수 있고 퍽 무거운 짐도 나를 수 있습니다.

짐승치고 그 모양은 별로 잘 생기지 않았고 목소리도 곱다고는 할 수 없지만 대단히 겸손한 동물입니다. 어린아이들이 타도 아무 위험이 없습니다.

당나귀를 타고 마냥 즐거워하는 아랍족 아이들을 보면서 저도 어렸을 적에 당나귀를 저렇게 탔더라면 하며 부러워했습니다. 당나귀는 순합니다. 아이들이 발로 차도 화를 안 내고 먹이는 아무거나 먹고 키도 작아 눈에 띄지도 않는 짐승입니다. 오래오래 기다리게 해도 짜증을 안 냅니다.

그 정반대는 말입니다. 말은 멋진 모습에 키도 크고 자존심이 강하며 생기에 차 있습니다. 그래서 말이 임금님, 귀족, 군인, 부자들의 탈것이 된 것도 당연합니다. 말은 성질을 잘 부려서 탈 때에 위험에 처할 수도 있습니다.

이런 것을 모두 생각해 보면 예수님께서 예루살렘에 입성하실 때 새끼나귀를 타고 오신 이유를 알아들을 만합니다(마르 11.6). 예수님은 나귀를 타심으로써 우리들에게 깊은 교훈을 남겨주셨습니다. "너희 왕은 겸비하여 나귀, 어린 나귀새끼를 타고 오신다"(즈가 9.9).

예수님은 분명 구세주이시고 하느님의 아드님이십니다. 우리들의 영도자이십니다. 그러나 그 왕도王道는 다름아닌 섬김에 있음을 가르쳐 주셨습니다. 자존심이 강한 말을 타지 않고 겸손하고 온순한 당나귀를 일부러 택하셨습니다.

당나귀의 모습은 우리들에게 '예수님의 가치관'을 가르쳐 줍니다. 우리 또한 조금이라도 예수님의 모범 따라 당나귀처럼 서로서로에게 봉사하십시다.

50 독수리

다양한 종교와 문화에서 독수리는 여러 가지 상징적 의미를 띠고 있습니다. 사자가 백수의 왕이듯 독수리는 모든 새의 왕입니다. 사자는 땅 위에 사는 짐승의 왕으로서 땅을 상징하듯, 하늘 높이 나는 독수리는 하늘을 상징합니다.

그리스 신화에 독수리의 머리와 날개에다 사자의 몸통을 가진 전설상의 괴물인 '그리폰'이 나옵니다. 그는 제우스의 상징이 되어 역시 하늘과 땅을 다 합쳐 만물을 지배하는 존재로 여겨졌습니다. 로마 황제가 죽어 그 시신을 화장할 때는 황제의 혼을 천국까지 이끌어주도록 독수리를 날려보냈습니다.

성서에서도 독수리는 중요한 새입니다. 잠언에 "정말 모를 일이 네 가지 있으니, 곧 독수리가 하늘을 나는 길"이 그 하나라고 했습니다(30.18). 성서에서 독수리는 '힘'과 '인내'의 상징입니다. 이사야서에 보면 "야훼를 믿고 바라는 사람은 새 힘이 솟아나리라. 날개 쳐 솟아오르는 독수리처럼 아무리 뛰어도 고단하지 아니하고 아무리 걸어도 지치지 아니하리라"(40.31)고 하였습니다.

당시의 전설에 따르면 독수리는 제 새끼를 유난히 아껴, 위험하다고 생각되면 새끼들을 날개에 태우고 날아간다고 하였고, 둥지 위를 맴돌면서 적의 공격으로부터 새끼를 지킨다고 하였습니다. 신명기 32장 11절에는 "독수리가 보금자리를 흔들어놓고 파닥거리며 떨어지는 새끼를 향해 날아 내려와 날개를 펼쳐 받아 올리고 그 죽지로 업어 나르듯"이라는 말이 나오는데, 마찬가지로 하느님께서도 그렇게 우리들을 사랑하고 보살피십니다. "너희는 내가 에집트인들을 어떻게 다루었는지, 너희를 어떻게 독수리 날개에 태워 나에게로 데려왔는지 보지 않았느냐?"(19.4)는 말씀이 탈출기에도 나옵니다.

그런가 하면 독수리는 엄청난 속도로 급강하하여 먹이를 낚아챌 줄 압니다. 예레미야서에 "나 야훼가 말한다. 보아라. 저기 독수리처럼 날개를 펴고 모압을 내려 덮친다"(48.40)고 하였습니다. 하느님은 독수리처럼 날래게 하늘로부터 내려오시어 이스라엘(우리들)의 적을 덮치십니다.

중세시대에는 독수리에 관한 또 다른 흥미로운 전설이 있었습니다. 늙은 독수리 한 마리가 맑은 샘물로 목욕하고 나서는 해님을 향하여 다시금 젊게 날아오른다는 이야기입니다. 아마도 앞서 인용한 이사야서 40장 31절에 나오는 "야훼를 믿고 바라는 사람"에서 비롯된 것일지도 모릅니다. 이처럼 독수리는 그리스도 자신의 상징이 되고 그 부활의 상징도 되었습니다.

독수리는 '복음사가 요한'의 상징으로도 잘 알려져 있습니다. 그 까닭은 요한에 의한 복음서 첫머리에 나오는 말씀만이 마치 하느님 옥좌까지 솟아오르는 독수리 같기 때문입니다(10장 '넷' 참조).

유럽의 여러 성당에서는 그리스도와 요한의 상징으로 독수리 그림이나 조각이 자주 눈에 띕니다. 대성당의 독경대도 독수리 모양을 하고 있어서 흡사 독수리의 두 날개 위에 성서를 펴놓고 거기서 성서를 봉독하는 격이 되어 있습니다.

오늘날에도 나라의 문장에 종종 독수리가 나타납니다. 미합중국이라든가 독일연방공화국 등의 경우가 그 좋은 예입니다.

제목(50 항목) 외에도 본문에 나오는 주요 상징들

게쎄마니 98
공간 14 35
나무 11 23 56 95-7 99 101-2 106-7 109 135-6 171
말馬 173
메시아 12 29 33 70 119
몰약 118-20
부정不淨 84 145-6
뿔 25-6 48
사계절 39-40
사자 41 69-70 162 174
산 61 72-3 76-8 125 135 143 157 159 170
성작聖爵 83 116
세라핌 110-4
셰키나 153
스케입고트 168
시간 14 35 37
십계 25 43-4 52 73 112 152
십자가 15 19 34 82-3 98 101-2 107 119 132 150 161 169

아자젤 77-9 168
야훼 14 25 28 36 43 45-6 66 73 76 78 82 85 87 89 106 116 122-3 131 138 149-50 164 170-1 175-6
양 48 50 68-71 98 105 108 144 167-9
에덴 40 96-9 171
올리브 11-3 82 119-20 134-5
용 151
유향 116-8
적그리스도 46
천막 152 154 167
카오스 77-8 88-9 97 142
케루빔 110-4 115
코스모스 77-8 88-9 97 142
태양 115-6 127 141 143-4 148
풍요의식 12 24-5 30 76
황금 109 115-6 119
후광 15 143

옮기고 나서

근래 우리나라에서 갈수록 많은 교우들이 성경에 깊이 젖어들고 있는 것은 그저 반갑고 고맙고 기쁠 따름입니다. 성경은 과연 우리 신앙의 근거입니다.

그러나 성서는 역시 옛 문헌이라 아무런 도움 없이 그 뜻을 환히 다 알아듣기란 수월치만은 않습니다. 더구나 성서에 나오는 상징들의 세계는 그 뜻이 매우 오묘하고 다양하여 더욱 그렇습니다. 아니, 성경 전체를 하나의 심오하고 위대한 상징으로 볼 수도 있습니다.

얼마 전 고맙게도 크리스티안스M. Chiristiaens 신부께서 일어로 펴내신 『성서의 상징 50』이 분명 우리나라 교우들에게도 요긴하고 귀한 도움이 될 것으로 굳이 믿어, 어설프게나마 이처럼 옮겨 보았습니다. 한국에서의 성서사도직 노력을 깊은 관심과 애정으로 늘 도와주신 르 도르즈M. Le Dorze 신부님의 뒤를 이은 저자 신부님은 현재 **성서백주간**을 책임지고 계십니다. 이 책이 마침 우리나라에서 **성서백주간** 모임을 시작한 지 꼭 십 년이 되는 이제 빛을 보게 되어 더없이 흐뭇합니다.

원문을 우리말로 옮기는 데 있어, 신앙의 토착화에 꾸준히 힘써 오신 크리스티안스 신부님의 뜻을 본받아, 상징의 세계와 관련 일본에만 고유한 습속의 예는 되도록 우리에게 일상 더 친숙한 내용으로 더러 대치했음을 밝혀둡니다.

 무엇보다도 우리말 번역을 기꺼이 허락해 주신 크리스티안스 신부님과 오리엔스 종교연구소에 우선 진심으로 감사하는 바입니다. 아울러 우리말 번역본 발행을 기꺼이 맡아 주신 분도출판사 여러분께도 감사합니다. 또 마음을 담은 뛰어난 삽화와 장정으로 책을 훌륭하게 꾸며 독자가 내용에 더 가까이 다가갈 수 있도록 도와주신 김겸순 수녀님께 특별히 감사합니다.

 이밖에도 번역 원고를 다듬고 정리하는 데 서둘러 귀한 도움을 주신 모든 분께도 고마운 마음을 전합니다.

장 익